D3전도중심제자훈련, 양육확신과정 개정판

파워 8 확신

THE BUILDING EIGHT ASSURANCES

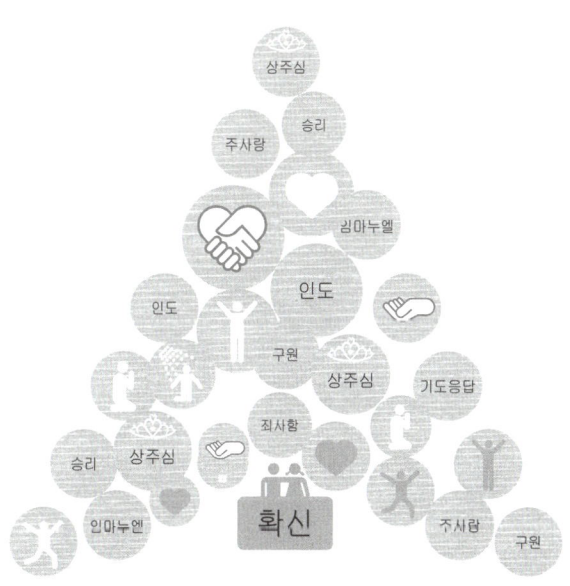

8확신을 가지면 넉넉히 세상을 이기고 비상할 수 있습니다

D3전도중심제자훈련 양육확신과정 개정판

파워8확신

ⓒ 도서출판 우리하나 2008
초판 1쇄 발행 2008년 9월 3일
초판 10쇄 발행 2015년 9월 8일
개정판 1쇄 2016년 12월 12일
개정판 10쇄 2024년 9월 13일

지 은 이 · 안창천
펴 낸 이 · D3평신도사역연구소
펴 낸 곳 · 도서출판 우리하나
기　　획 · 이카림
디 자 인 · 이진아
교정책임 · 정혜지
등 록 일 · 2007년 4월 16일
등록번호 · 제 313-2007-96호
주　　소 · 서울 마포구 독막로 18길 31, 3층 (상수동)
주문전화 · 02) 333-0091
전자메일 · pacc9191@hanmail.net
웹사이트 · www.d3.or.kr

ⓒ 저자와의 협약아래 인지는 생략되어 있습니다.
이 출판물은 저작권법에 따라 무단 복제를 할 수 없습니다.

값 8,000
ISBN 978-89-93476-30-9 (03230)

도서출판 우리하나는
'D3전도중심제자훈련'를 적극 지원합니다.

이 도서의 국립중앙도서관 출판예정도서목록(CIP)은
서지정보유통지원시스템 홈페이지(http://seoji.nl.go.kr)와 국가자료공동목록시스템
(http://www.nl.go.kr/kolisnet)에서 이용하실 수 있습니다.(CIP제어번호: CIP2016030517)

welcome

파워8확신

D3전도중심제자훈련 양육확신과정 등록을 축하합니다

　먼저 양육기초과정인 '온가족튼튼양육'을 마치고 '파워8확신'과정에 등록하신 것을 우리 주 예수 그리스도의 이름으로 환영합니다.

　신앙은 확신입니다. 확신이 무너지는 순간, 신앙은 뿌리째 흔들립니다. 그래서 사도 바울이 "너는 배우고 확신한 일에 거하라"(디모데후서 3장 14절)라고 권면한 것입니다.

　본 과정에서는 성도들이 항상 간직해야 할 8가지 확신을 배우게 될 것입니다.

　숫자 8은 완전수 7보다 1이 많은 수로서 넉넉한 구원을 상징하듯이, '파워8확신'은 여러분의 믿음을 더욱 견고하게 하여 영적인 풍요로움을 맛보게 할 것입니다.

　주 안에서 여러분을 사랑하며 믿음의 큰 진보가 있기를 주님의 이름으로 축원합니다.

주후　　　년　　월　　일

교 회

목 사

너희가 믿음에 있는가 너희 자신을 시험하고 확증하라
고후 13:5

contents

파워8확신

견고한 믿음 | 세상을 이기는 삶

환영의 글

| 제1확신 | 죄 사함의 확신　　　　　　　　　　　　07

| 제2확신 | 구원의 확신　　　　　　　　　　　　　17

| 제3확신 | 승리의 확신　　　　　　　　　　　　　27

| 제4확신 | 기도 응답의 확신　　　　　　　　　　　37

| 제5확신 | 인도의 확신　　　　　　　　　　　　　47

| 제6확신 | 임마누엘의 확신　　　　　　　　　　　61

| 제7확신 | 주 사랑의 확신　　　　　　　　　　　　75

| 제8확신 | 상 주심의 확신　　　　　　　　　　　　85

제1확신
죄 사함의 확신

　예수께서 우리의 죄를 대신하여 십자가에 못 박혀 죽으시고 부활하신 사실, 즉 복음을 믿으면 모든 죄를 사함받습니다. 이것을 믿는 것을 '죄 사함의 확신'이라고 합니다. 죄 사함의 확신은 신앙생활의 기초입니다. 이 확신 없이 신앙생활을 하는 것은 마치 모래 위에 집을 짓는 것과 같습니다. 날마다 죄 사함받은 확신을 가지면 구원받은 감격과 기쁨으로 살아갈 수 있습니다.

제1확신
죄 사함의 확신

Question 1

사람은 누구나 아담의 후손으로 죄인이기 때문에 죽음으로 죗값을 치러야 하고, 또 죽은 후에는 심판을 받아 지옥에 던져져 영원히 고통을 당해야 합니다. 어떻게 하면 이런 운명에서 벗어날 수 있을까요? 무엇보다 먼저 죄 문제를 해결받아야 합니다. 그런데 우리는 이미 죄 문제를 해결받아 사망과 심판의 운명에서 벗어났습니다. 어떻게 죄 문제를 해결받았는지 간단히 설명해 보세요.

율법을 따라 거의 모든 물건이 피로써 정결하게 되나니 피흘림이 없은즉 사함이 없느니라
히브리서 9:22, 참조 로마서 10:9-10

💡 D3 생각

죄의 삯은 사망이므로 우리가 죄 문제를 해결받으려면 반드시 누군가 우리를 대신하여 죽어야 합니다. 그런데 모든 사람은 죄인이기에 다른 사람을 대신하여 죽을 수 없습니다. 그래서 예수께서 우리의 죄를 대신하여 십자가에 못 박혀 죽으신 것이고, 그런 사실을 증명해 주시기 위해 삼일 만에 다시 살아나신 것입니다. 누구든지 이 사실을 믿으면 죄 사함을 받을 수 있습니다. 따라서 예수께서 자신의 죄를 위하여 십자가에 못 박혀 죽으시고 부활하신 사실, 즉 복음을 믿고 있다면 그는 이미 죄 사함을 받은 것입니다.

| 보충의 글 |

Question 2

죄 사함을 받으려면 오직 예수께서 우리의 죄를 대신하여 십자가에 못 박혀 죽으시고 부활하신 사실, 즉 복음을 믿기만 하면 됩니다. 선

한 행실이나 의로움은 죄 사함을 받는 데 조금도 필요하지 않습니다. 왜 그럴까요?

> 사람이 의롭게 되는 것은 율법의 행위로 말미암음이 아니요 오직 예수 그리스도를 믿음으로 말미암는 줄 알므로 우리도 그리스도 예수를 믿나니 이는 우리가 율법의 행위로써가 아니고 그리스도를 믿음으로써 의롭다 함을 얻으려 함이라 율법의 행위로써는 의롭다 함을 얻을 육체가 없느니라
>
> 갈라디아서 2:16, 참조 에베소서 2:8-9; 예레미야 13:23

💡 D3 생각

모든 사람은 나면서부터 죄인이므로 아무리 선하고 의롭게 살아도 의인이 될 수 없기 때문입니다. 사자를 집에서 기른다고 사람이 될 수 없고 여자가 남장을 한다고 남자가 될 수 없듯이, 죄인은 아무리 착하게 살아도 죄인에 불과할 뿐입니다. 그래서 하나님께서 우리의 행위를 보시고 죄를 사해 주시지 않고, 예수께서 우리의 죄를 대신하여 십자가에 못 박혀 죽으시고 부활하신 사실, 즉 복음을 믿는 믿음을 보시고 우리의 죄를 사해주시는 것입니다(로마서 4:5).

| 보충의 글 |

Question 3

> 죄는 내용적으로 볼 때 크게 아담으로부터 이어받은 원죄와 자신이 직접 범한 사범죄가 있고, 시간적으로 볼 때는 과거에 지은 죄, 현재 범하고 있는 죄, 장차 지을 죄가 있습니다. 그런데 예수께서 우리의 죄를 위하여 십자가에 못 박혀 죽으시고 부활하신 사실을 믿기만 하면 이 모든 죄를 사함받을 수 있습니다. 어떻게 그것이 가능할까요?

염소와 송아지의 피로 하지 아니하고 오직 자기 피로 영원한 속죄를 이루사 단번에 성소에 들어가셨느니라
히브리서 9:12

💡 D3 생각

예수께서 단번에 속죄 제사를 드리심으로 영원히 죄를 사해 주셨기 때문입니다. "그가 거룩하게 된 자들을 한 번의 제사로 영원히 온전하게 하셨느니라"(히브리서 10:14). 이것이 구약시대와 신약시대의 다른 점입니다. 구약시대에는 사람이 죄를 지을 때마다 짐승의 피를 흘려서 죄 사함을 받았지만, 신약시대에는 예수께서 한 번의 제사로 영원히 속죄 제사를 드리셨기 때문에 예수께서 자신의 죄를 위하여 십자가에 못 박혀 죽으시고 부활하신 사실, 즉 복음을 믿으면 모든 죄를 사함받습니다. 따라서 죄 사함을 받은 후, 혹 죄를 범할지라도 지옥에는 가지 않습니다. 그런데 이 말은 예수 그리스도의 대속의 완전성과 영원성을 강조한 것이지, 죄를 지어도 상관없다는 뜻으로 이해해서는 안 됩니다.

| 보충의 글 |

Question 4

유대종교 지도자들은 유대총독 빌라도의 힘을 빌려서 아무 죄가 없으신 예수님을 십자가에 못 박아 죽게 했습니다. 성경은 "…나무에 달린 자는 하나님께 저주를 받았음이니라"(신 21:23)라고 말씀하고 있기 때문에 당시 유대인들은 예수께서 하나님께 저주를 받아 십자가에 못 박혀 죽으신 것이라고 생각했습니다. 베드로가 주님을 죽기까지 따르겠다고 결심했지만 비천한 종 앞에서조차 주님을 모른다고 부인했던 것은 바로 이 때문입니다. 그런데 예수께서 십자가에 못 박혀 죽으신 것은 그분의 죄 때문이 아니라 인류의 죄를 대속하시기 위한 것이었습니다. 그런 사실을 어떻게 알 수 있을까요?

이때로부터 예수 그리스도께서 자기가 예루살렘에 올라가 장로들과 대제사장들과 서기관들에게 많은 고난을 받고 죽임을 당하고 제 삼일에 살아나야 할 것을 제자들에게 비로소 가르치시니 마태복음 16:21, 참조 마가복음 10:45

💡 D3 생각

한마디로 예수께서 십자가에 못 박혀 죽으셨지만 삼일 만에 다시 살아나신 것을 통해서 알 수 있습니다. 왜냐하면 예수께서 죽으시기 전, 자신이 인류의 죄를 대속하기 위하여 십자가에 못 박혀 죽으시지만 삼일 만에 다시 살아나실 것을 말씀하셨는데, 그렇게 말씀하신 대로 다시 살아나셨기 때문입니다. 예수님을 저주하며 곁을 떠났던 제자들이 다시 주님께 돌아와 예수 그리스도를 증거하다가 순교한 것은 예수께서 십자가에 못 박혀 죽으신 것이 바로 그들의 죄 때문임을 깨달았기 때문입니다. 만일 예수께서 십자가에 못 박혀 죽으시고 다시 살아나시지 않았다면 우리의 죄는 그대로 있을 것이고 우리의 믿음 역시 헛된 것입니다(고린도전서 15:17).

| 보충의 글 |

Question 5

우리는 이미 예수께서 우리의 죄를 위하여 십자가에 못 박혀죽으시고 부활하신 사실을 믿고 죄 사함을 받았습니다. 다윗이 "동이 서에서 먼 것 같이 우리의 죄과를 우리에게서 멀리 옮기셨다"(시편 103:12)라고 고백한 것처럼 완벽하게 죄 사함을 받았습니다. 그런데 왜 많은 그리스도인들이 죄 사함의 확신을 누리며 살지 못할까요?

어찌 그러하냐 이는 그들이 믿음을 의지하지 않고 행위를 의지함이라 부딪칠 돌에 부딪혔느니라 로마서 9:32

제1확신
죄 사함의 확신

💡 D3 생각

여러 가지 이유가 있겠지만 가장 큰 이유는 하나님의 말씀대로 살지 못하고 있다고 생각하기 때문입니다. 그런데 이런 이유로 죄 사함의 확신이 흔들리는 것은 죄 사함의 근거를 '믿음'에 두지 않고 '행위'에 두기 때문입니다. 우리가 죄 사함을 받은 것은 예수께서 우리의 죗값을 대신 치러주신 것을 믿음으로 말미암은 것이지, 우리의 행실로 말미암은 것이 아니므로 하나님의 말씀대로 살지 못한다고 죄 사함받은 것을 의심해서는 안 됩니다(로마서 3:27-28).

| 보충의 글 |

Question 6

우리가 복음을 믿고 죄 사함을 받아 하나님의 자녀가 되었지만 이 세상에서 사는 동안에는 죄를 지을 수도 있습니다. 그런데 죄를 지으면 그에 따르는 여러 가지 대가를 지불하게 됩니다. 무엇보다도 구원의 즐거움을 잃어버리고(시편 51:12), 기도의 응답을 받지 못하고(이사야 59:1-2), 하나님과의 교제가 단절되고(이사야 59:1-2), 하나님의 심판을 받게 되는(고린도전서 3:17) 등 많은 고통을 받게 됩니다. 그런데 이렇듯 죄를 지어 엄청난 대가를 지불하게 되더라도 하나님과의 부자관계는 단절되지 않습니다. 왜 그럴까요?

누가 능히 하나님의 택하신 자들을 고발하리요 의롭다 하신 이는 하나님이시니 누가 정죄하리요 죽으실 뿐 아니라 다시 살아나신 이는 그리스도 예수시니 그는 하나님 우편에 계신자요 우리를 위하여 간구하시는 자시니라

로마서 8:33-34

💡 D3 생각

하나님께서 우리를 자녀로 삼아주신 것은 우리가 죄를 범하지 않았

기 때문이 아니라, 예수께서 우리의 죄를 대신하여 십자가에 못 박혀 죽으시고 부활하신 것을 믿었기 때문입니다. 즉 하나님께서 우리의 죄를 사하시고 자녀로 삼아주신 것은 우리의 행위에 있지 않고 믿음에 있습니다. 따라서 우리가 구원받은 후 범하는 죄는 하나님과의 부자관계에 결코 영향을 미치지 않습니다(요한복음 10:28-29). 구원받은 후 범하는 죄는 하나님과의 부자관계가 아니라 천국의 상급에 영향을 미칩니다. 자녀가 부모에게 크게 잘못을 해도 부모가 호적에서 부자관계를 정리하지 않듯이, 혹 우리가 죄를 범했을지라도 여전히 하나님의 자녀임을 잊지 말아야 합니다.

| 보충의 글 |

Question 7

그러나 죄를 지어도 하나님과의 부자관계에 영향을 미치지 않는다는 것을 핑계로 죄 짓는 것을 우습게 생각해서는 안 됩니다. 왜냐하면 하나님께서 우리를 죄에서 해방시켜 주신 것은 죄에서 벗어나도록 하기 위해서이기 때문입니다. 따라서 죄를 범하지 않기 위해서 피 흘리기까지 싸워야 합니다. 그런데 혹 죄를 범했을 경우는 어떻게 해야 할까요?

만일 우리가 우리 죄를 자백하면 그는 미쁘시고 의로우사 우리 죄를 사하시며 우리를 모든 불의에서 깨끗하게 하실 것이요   요한일서 1:9

💡 D3 생각

즉시 자백해야 합니다. 자백은 자기의 죄나 허물을 스스로 하나님께 고백하는 것입니다. 목욕한 자는 발만 씻으면 되듯이(요한복음 13:10), 이미 모든 죄 사함을 받아 하나님의 자녀가 된 자는 순간순간 마음과 행동으로 짓는 죄를 고백하면 됩니다. 죄를 고백하면 하나님과의 교제가 친밀해집니다.

| 보충의 글 |

Question 8

우리가 그리스도 밖에 있을 때는 죄에 매여 마귀에게 종노릇했고 죽은 후에는 심판을 받아 지옥에 던져져 영원히 고통을 당할 운명에 처해 있었습니다. 그러나 이제는 예수 그리스도를 믿음으로 죄 사함을 받아 하나님의 자녀가 되었고 장차 눈물과 고통과 죽음이 없는 천국에서 영원히 하나님과 함께 거할 소망을 갖게 되었습니다. 그렇다면 어떻게 살아가야 할까요?

■ 첫째로, 죄 사함받은 감격과 기쁨으로 살아가야 합니다.

주의 구원의 즐거움을 내게 회복시켜 주시고 자원하는 심령을 주사 나를 붙드소서
시편 51:12

🔆 **D3 생각**

왜냐하면 인생에 있어서 죄 사함을 받은 것보다 더 큰 복은 없기 때문입니다. 그래서 다윗도 죄 사함을 받은 감격과 기쁨을 이렇게 노래한 것입니다. "허물의 사함을 받고 자신의 죄가 가려진 자는 복이 있도다"(시편 32:1). 당신은 죄 사함받은 감격과 기쁨을 누리며 살아가고 있습니까?

| 보충의 글 |

■ 둘째로, 죄를 짓거나 상처를 입힌 자를 용서해야 합니다.

서로 친절하게 하며 불쌍히 여기며 서로 용서하기를 하나님이 그리스도 안에서 너희를 용서하심과 같이 하라 _{에베소서 4:32, 참조 마태복음 18:21-35}

💡 D3 생각

우리가 주님께 얼마나 큰 죄를 용서를 받았는지 아십니까? 이 세상에서 두려움과 죄와 고통 가운데 살다가 죽어야 하고, 죽은 후에는 심판을 받아 지옥에 던져져 영원히 고통을 당해야 할 정도로 큰 죄를 용서받았습니다. 따라서 누군가 우리에게 죄를 짓거나 상처를 입혔어도 용서하는 것이 마땅합니다. 다른 사람의 죄를 용서하지 못하는 것은 자신이 얼마나 큰 죄를 용서받았는지를 모르기 때문입니다. 그런데 용서는 저절로 되는 것이 아니기 때문에 노력해야 합니다. 자기에게 죄를 짓거나 상처 입힌 자를 용서하기로 결단하시겠습니까?

| 보충의 글 |

■ **셋째로, 날마다 죄의 유혹을 물리치고 승리해야 합니다.**

오직 각 사람이 시험을 받는 것은 자기 욕심에 끌려 미혹됨이니 욕심이 잉태한 즉 죄를 낳고 죄가 장성한즉 사망을 낳느니라 _{야고보서 1:14-15}

💡 D3 생각

모든 죄는 욕심에서 나오기 때문에 죄를 짓지 않기 위해서는 욕심을 버려야 합니다. 죄를 짓고 싶은 마음이 들면 죄의 대가를 생각하고 즉시 물리쳐야 합니다. 특별히 죄의 배후에는 마귀가 있으므로 죄를 짓지 않도록 영적전쟁에서 이겨야 합니다.

| 보충의 글 |

당신은 이미 생애 최고의 선물을 받았습니다

　오래 전에 미국에서 일어난 실화입니다. 모든 미국 시민의 가슴을 울리고 그리스도인들에게는 더욱 신앙의 도전을 주었던 한 어린 소년에 대한 이야기입니다. 그 어린 소년의 이름은 라이언 화이트(Ryan White)입니다. 라이언은 13살 때 혈우병을 앓아서 수술을 받았는데 수혈을 잘못해서 그만 에이즈(AIDS)에 걸리고 말았습니다. 자신의 잘못도 아닌 어른들의 부주의로 소년의 인생은 이제 죽음의 길에 놓이게 되었던 것입니다.

　그런데 그는 자신이 곧 죽을 것을 알면서도 그 누구도 원망하지 않고 변함없이 너무도 밝게 학교생활을 했습니다. 오히려 다른 사람들에게 아주 친절하게 대하였고, 그를 염려하는 부모님을 위로하면서 기쁘게 지냈습니다.

　이러한 사실이 신문 기자들에게 알려지게 되면서 소년의 이야기는 신문에 매일 게재되었고 텔레비전 등의 매체에서 보도되어 많은 사람들에게 각광을 받기 시작했습니다. 레이건 대통령, 거부 부동산 업자이며 45대 대통령이 된 도널드 트럼프, 마이클 잭슨 등 유명 인사들과 많은 사람들이 그를 찾아가 선물도 주고 위로하며 관심을 표현해 주었습니다. 그럼에도 죽음은 그를 놓아주지 않았습니다. 그 후 라이언은 5년 동안 살다가 결국 18살에 죽었습니다.

　소년이 죽기 전에 그의 아버지와 마지막으로 나눈 대화 내용이 한 크리스천 잡지에 실렸습니다.

　"아들아, 미안하다. 이제는 네게 아무 것도 해 줄 것이 없구나. 이 아빠가 더 이상 어떤 선물도 줄 수 없음을 용서해 다오."

　"아빠, 전 지금까지 많은 선물을 받았지만 아무도 아빠 같은 선물을 준 사람은 없었어요. 아빠는 저에게 죽어서도 천국에 갈 수 있는 티켓을 선물로 주셨잖아요. 바로 예수님을 소개해 주셨어요. 아빠 덕분에 교회에 나가서 예수님을 믿고 영생을 선물로 얻었는걸요. 이보다 더 위대한 선물은 없을 거예요."

　죄 때문에 죽은 후 심판받아 지옥에서 영원히 고통을 당해야 할 인간에게 죄 사함을 받는 것보다 더 큰 복은 없습니다. 당신에게 죄 사함을 받았다는 확신이 있다면 당신은 이미 생애 최고의 복을 받은 자입니다.

제2확신
구원의 확신

   일반적으로 구원의 확신이 있다고 말할 때에 그 내용은 두 가지입니다. 첫째는 죄 사함을 받아 마귀의 자녀에서 하나님의 자녀가 되었다는 것이고, 둘째는 장차 죽으면 천국에 들어가게 된다는 것입니다. 그런데 우리는 이 두 가지 구원만 확신해서는 안 됩니다. 하나님께서 세상의 모든 문제에서도 구원해 주신다는 것을 확신해야 합니다. 당신은 이 세 가지 구원을 확신하고 있습니까?

제2확신
구원의 확신

Question 1

성경에서 구원이 다양한 의미로 사용되지만, 가장 기본적인 개념은 죄로부터 건짐을 받아 영적인 신분이 바뀌는 것입니다(마태복음 1:21; 누가복음 1:77). 즉 구원은 죄로부터 해방을 받아 마귀의 자녀에서 하나님의 자녀가 되는 것입니다. 이처럼 죄 사함을 받아 마귀의 자녀에서 하나님의 자녀로 신분이 바뀐 것을 확신하는 것을 무엇이라고 할까요?

그러므로 이제 그리스도 예수 안에 있는 자에게는 결코 정죄함이 없나니 이는 그리스도 예수 안에 있는 생명의 성령의 법이 죄와 사망의 법에서 너를 해방하였음이라
로마서 8:1-2

D3 생각

'위치적 구원'의 확신이라고 합니다. 왜냐하면 죄 사함을 받아 마귀의 자녀에서 하나님의 자녀로 신분이 바뀌었기 때문입니다. 정말 당신은 죄 사함을 받아 영적 신분이 완전히 바뀐 것을 확신하십니까?

| 보충의 글 |

Question 2

그런데 하나님의 구원은 단지 죄에서 해방되어 마귀의 자녀에서 하나님의 자녀가 되는 것, 즉 '위치적 구원'으로 끝나지 않습니다. 하나님께서는 그의 자녀들이 이 세상에서 당하는 모든 환난에서도 건져주십니다. 이렇게 삶 속에서 하나님의 구원을 경험하는 것을 무엇이라고 할까요?

환난 날에 나를 부르라 내가 너를 건지리니 네가 나를 영화롭게 하리로다

시편 50:15, 참조 야고보서 5:15

💡 D3 생각

'경험적 구원'이라고 합니다. '위치적 구원'은 평생 한 번만 받지만, '경험적 구원'은 계속해서 받을 수 있습니다. 하나님의 구원을 삶 속에서 경험하면 할수록 믿음은 더욱 견고해집니다. 구원의 확신이 종종 흔들리는 것은 삶 속에서 하나님의 구원을 경험하지 못하기 때문입니다.

| 보충의 글 |

Question 3

하나님께서 베푸시는 구원은 죄 사함을 받아 마귀의 자녀에서 하나님의 자녀가 되고(위치적 구원) 이 세상의 모든 환난 가운데서 건짐을 받는 것(경험적 구원)으로 끝나지 않습니다. 심지어 죽은 후에라도 구원을 받을 수 있습니다. 이처럼 죽은 후에 받는 구원을 무엇이라고 할까요?

주께서 나를 모든 악한 일에서 건져내시고 또 그의 천국에 들어가도록 구원하시리니 그에게 영광이 세세 무궁토록 있을지어다 아멘

디모데후서 4:18, 참조 데살로니가전서 1:10

💡 D3 생각

우리가 죽으면 하나님께서 천국으로 인도하시는데 이를 '종말적 구원'이라고 합니다. 우리가 죄 사함을 받아 하나님의 자녀가 되었고 이 세상에서 하나님의 구원을 많이 경험하고 있을지라도 종국적으로 천국에 들어가서 하나님과 영원히 함께 하지 못한다면 이는 처음부터 구

원을 얻지 못한 것과 같습니다. 왜냐하면 구원의 목적은 최종적으로 천국에 들어가는 것이기 때문입니다. 따라서 이미 구원받은 것으로 만족하지 말고 장차 종말에 완성될 구원을 확신하고 온전히 바라보아야 합니다. 당신은 장차 하나님께서 천국에 들어가도록 인도하실 것을 확신하고 있습니까?

| 보충의 글 |

Question 4

이처럼 그리스도인은 누구나 세 가지 구원, 즉 죄 사함을 받아 마귀의 자녀에서 하나님의 자녀가 되었다는 것(과거적 또는 위치적 구원), 세상의 모든 환난에서 건짐을 받는다는 것(현재적 또는 경험적 구원), 장차 천국에 들어가게 된다는 것(미래적 또는 종말적 구원)을 확신하고 살아가야 합니다. 그런데 이 세 가지 확신 중에서 가장 우선적으로 가져야 할 것은 무엇일까요?

영접하는 자 곧 그 이름을 믿는 자들에게는 하나님의 자녀가 되는 권세를 주셨으니
요한복음 1:12

💡 D3 생각

'위치적 구원'의 확신입니다. 왜 그럴까요? 하나님의 자녀가 되었다는 확신이 없이는 하나님 아버지께 기도하여 응답을 경험할 수 없고, 또 장차 하나님 아버지께서 계신 천국에 들어가 영원히 함께 거할 것을 확신할 수 없기 때문입니다.

| 보충의 글 |

Question 5

따라서 우리는 항상 '위치적 구원'을 받았는지를 점검해야 합니다. 무엇을 근거로 우리가 죄 사함을 받고 마귀의 자녀에서 하나님의 자녀가 되었다는 것을 확신할 수 있을까요?

네가 만일 네 입으로 예수를 주로 시인하며 또 하나님께서 그를 죽은 자 가운데서 살리신 것을 네 마음에 믿으면 구원을 받으리라 사람이 마음으로 믿어 의에 이르고 입으로 시인하여 구원에 이르느니라

로마서 10:9-10 참조 요한복음 5:24

💡 D3 생각

다양한 방법으로 '위치적 구원'을 확신할 수 있겠지만 가장 안전하고 확실한 것은 하나님의 말씀을 통해서입니다. 성경은 예수께서 우리의 죄를 대신하여 십자가에 못 박혀 죽으시고 부활하신 사실을 믿으면 구원을 받는다고 말씀하고 있기 때문에, 이를 근거로 자신이 구원받은 것을 확신할 수 있습니다. 종종 '위치적 구원'의 확신이 흔들리는 것은 평소 하나님의 말씀을 가까이하지 않기 때문입니다. 말씀을 가까이하면 자신이 구원받은 것을 믿게 되고 구원의 확신이 흔들리지 않습니다.

| 보충의 글 |

Question 6

세 가지 구원 중에서 '위치적 구원'과 '종말적 구원'은 눈으로 보거나 손으로 만질 수 없기 때문에 종종 이 두 가지 구원의 확신이 흔들릴 수 있습니다. 어떻게 하면 이 두 가지 구원을 지속적으로 확신할 수 있을까요?

날마다 우리 짐을 지시는 주 곧 우리의 구원이신 하나님을 찬송할지로다

시편 68:19

💡 D3 생각

기도의 응답을 통하여 날마다 삶 속에서 하나님의 구원을 경험하면 됩니다. 하나님께서 눈에 보이시지 않지만 자주 기도의 응답을 받으면 자신이 하나님의 자녀가 되었다는 '위치적 구원'과 장차 천국에 들어갈 것이라는 '종말적 구원'을 확신할 수 있습니다.

| 보충의 글 |

Question 7

예수께서 반드시 다시 오셔서 믿는 자들은 구원하시고 비신자들은 심판하십니다. 그런데 성경은 예수께서 '속히' 오신다고 말하고 있습니다. "이것들을 증언하신 이가 이르시되 내가 진실로 속히 오리라 하시거늘 아멘 주 예수여 오시옵소서"(요한계시록 22:20). 이처럼 우리가 예수께서 다시 '속히' 오신다는 것을 믿는 재림신앙을 갖고 있다면, 어떤 구원을 확신하며 살아가야 할까요?

너희는 마음에 근심하지 말라 하나님을 믿으니 또 나를 믿으라 내 아버지 집에 거할 곳이 많도다 그렇지 않으면 너희에게 일렀으리라 내가 너희를 위하여 거처를 예비하러 가노니 가서 너희를 위하여 거처를 예비하면 내가 다시 와서 너희를 내게로 영접하여 나 있는 곳에 너희도 있게 하리라

요한복음 14:1-3

💡 D3 생각

특별히 '종말적 구원'을 확신하며 살아가야 합니다. 즉 장차 하나님께서 천국으로 인도하셔서 구원을 완성하실 것을 확신하며 살아가야

합니다. 현대 크리스천의 위기는 주님의 재림을 사모하지 않기에 천국에 대한 소망을 잃어버리고 오직 이 세상의 행복만을 추구하고 있다는 것입니다. 그리스도인은 곧 예수께서 재림하실 것을 믿고 장차 천국에 들어갈 확신으로 오직 천성문을 향해 달려가야 합니다.

| 보충의 글 |

Question 8

구원(위치적)은 하나님께서 은혜로 주시는 선물이므로, 그것을 얻고자 특별히 노력할 필요는 없습니다. 단지 예수께서 우리의 죄를 대신하여 십자가에 못 박혀 죽으시고 부활하신 사실, 즉 복음을 믿으면 됩니다. 그러나 이미 구원받은 자는 반드시 그것을 제대로 관리해야 할 책임이 있습니다. 어떻게 하면 은혜로 받은 구원을 잘 관리할 수 있을까요?

그러므로 나의 사랑하는 자들아 너희가 나 있을 때뿐 아니라 더욱 지금 나 없을 때에도 항상 복종하여 두렵고 떨림으로 너희 구원을 이루라

빌립보서 2:12, 참조 베드로후서 1:10-11

D3 생각

이미 얻은 구원(위치적 구원)을 잘 관리하기 위해서는 날마다 삶 속에서 기도로 하나님의 구원을 경험하고(경험적 구원), 장차 천국에 들어갈 것을(종말적 구원) 확신하며 살아가야 합니다. 사도 바울이 "내가 내 몸을 쳐 복종하게 함은 내가 남에게 전파한 후에 자신이 도리어 버림을 당할까 두려워함이로다"(고린도전서 9:27)라고 고백했듯이, 이미 구원받은 것으로 만족하지 말고 두려움과 떨림으로 구원의 완성을 향해 나아가야 합니다.

| 보충의 글 |

Question 9

　모든 그리스도인은 세 가지 구원의 확신, 즉 이미 죄 사함을 받아 하나님의 자녀가 되었다는 것, 어떤 상황에서도 기도하면 하나님께서 구원해 주신다는 것, 장차 하나님께서 천국으로 인도하실 것을 확신하는 가운데 살아가야 합니다. 그런데 초대교회 성도들은 이 세 가지 구원의 확신을 갖고 있었을 뿐 아니라 실제로 그것을 누리며 살았습니다. 그들이 그렇게 할 수 있었던 이유는 무엇일까요?

그들이 날마다 성전에 있든지 집에 있든지 예수는 그리스도라고 가르치기와 전도하기를 그치지 아니하니라　　　　　　　　　　　　　사도행전 5:42

💡 D3 생각

　그들이 '예수께서 그리스도'이심을 증언했기 때문입니다. 초대교회는 예수께서 그리스도이심을 성전에 있든지 집에 있든지 날마다 가르치고 전하였기에 삶 속에서 하나님의 구원을 누릴 수 있었습니다. 지금도 예수께서 그리스도이심을 반복해서 가르치고 전하면 성령께서 역사하심으로 날마다 삶 속에서 하나님의 구원을 누리며 살아갈 수 있습니다.

| 보충의 글 |

'아니마밈'을 부르세요

 2차 세계대전 이후 유대인들은 유월절이 되면 꼭 '아니마밈'의 노래를 부릅니다. '아니마밈'은 히브리어로 '나는 믿는다'라는 뜻을 갖고 있습니다. 이 노래는 본래 혹독한 아우슈비츠 수용소에서 작사, 작곡된 노래였습니다.
 "나는 믿는다. 나의 메시아가 나를 돕기 위해서 반드시 나를 찾아오리라는 사실을…."
 그런데 그들은 자기의 동료들이 비참하게 가스실로 불려나가는 모습을 보면서 다음 구절을 이렇게 슬프게 불렀습니다.
 "그런데 때때로 그 메시아는 너무 늦게 오신다."
 그러나 그 수용소 안에 있던 젊은 외과 의사 출신의 한 유대인은 이 노래를 부를 것을 거절했습니다. 왜냐하면 그의 마음에는 하나님에 대한 믿음이 있었기 때문입니다. 그는 자신의 삶에 대한 하나님의 뜻이 있기에 절대로 죽지 않는다고 확신했습니다. 그래서 그는 수용소에 갇혀 죽을 수밖에 없고 언제 가스실로 끌려갈지 모르는 상황 가운데서도 자신의 추한 모습을 다듬기 시작했습니다. 다른 동료들은 죽음을 받아들인 듯 체념하고 깊이 잠들어버린 한밤중에도 그는 홀로 일어나 우연히 줍게 된 유리 파편 조각 하나를 날카롭게 갈아서 피가 날 정도로 면도를 했습니다.
 다음 날 아침, 또 다시 죽음의 사자처럼 나치 군병들이 그들의 방을 찾아왔습니다. 그런데 나치 군병들은 수염 하나 없는 청년의 모습을 보고는 차마 그를 죽음의 가스실로 데려가지 못하고 매번 다른 사람을 데리고 갔습니다. 왜냐하면 깨끗한 청년의 모습에서 삶의 강렬한 의지가 보여서 죽이기에는 너무 아까웠기 때문입니다.
 그런데 얼마 지나지 않아 전쟁이 끝나고 그는 적은 수의 생존자들 중에 하나가 되어 풀려나게 되었습니다. 그는 자신을 향해 활짝 열려 있는 수용소의 문을 빠져 나오면서 '아니마밈'의 노래를 이렇게 고쳐 불렀습니다.
 "나는 믿는다. 나의 메시아가 나를 돕기 위해 반드시 나를 찾아오리라는 사실을. 그런데 사람들은 너무 서두른다. 사람들은 너무 서둘러 믿음을 포기한다."

제3확신

승리의 확신

　승리는 싸움이 있다는 것을 전제합니다. 우리가 싸워야 할 적은 에덴동산에서 아담과 하와를 유혹하여 넘어뜨렸을 뿐 아니라, 둘째 아담이신 예수님마저도 시험했던 마귀입니다. 예수님을 믿고 죄 사함을 받아 하나님의 자녀가 된 자는 누구나 영적전쟁을 해야 합니다. 마귀는 우는 사자처럼 우리를 공격하지만, 마귀와의 영적전쟁에서 승리할 수 있습니다. 왜냐하면 마귀를 이기신 예수께서 우리와 함께 하시고 도와주시기 때문입니다.

제3확신
승리의 확신

Question 1

성경에는 '시험'이라는 단어가 자주 등장하는데 크게 두 가지 의미로 사용됩니다. 첫째는, 유혹의 의미로 마귀가 하나님의 백성들을 죄에 빠지게 하는 것입니다. 둘째는, 시련의 의미로 하나님께서 자기의 백성들을 연단하고 훈련시키기 위해 허락하시는 것입니다. 이 두 가지 시험이 올 때 각각 어떻게 대처해야 할까요?

시험을 참는 자는 복이 있나니 이는 시련을 견디어 낸 자가 주께서 자기를 사랑하는 자들에게 약속하신 생명의 면류관을 얻을 것이기 때문이라 사람이 시험을 받을 때에 내가 하나님께 시험을 받는다 하지 말지니 하나님은 악에게 시험을 받지도 아니하시고 친히 아무도 시험하지 아니하시느니라

야고보서 1:12-13

💡 D3 생각

하나님께서 주시는 시험은 믿음을 연단시켜서 복을 받게 하지만, 마귀가 주는 시험은 죄를 짓게 해서 멸망에 이르게 합니다. 따라서 하나님의 시험은 순종해야 하고, 마귀의 시험은 물리쳐야 합니다. 그런데 안타깝게도 많은 그리스도인들이 하나님의 시험은 물리치고, 마귀의 시험에는 순종하고 있습니다.

| 보충의 글 |

Question 2

프랑스 최고의 작가 빅토르 위고는 사람은 평생 세 영역의 싸움, 즉 자연환경, 다른 사람, 자기 자신과의 싸움을 겪어야한다고 했습니다. 그런데 그리스도인은 이것들 외에 또 다른 싸움을 해야 합니다. 그

것은 마귀와의 싸움인 영적전쟁입니다. 왜 우리는 마귀와 전쟁을 해야 할까요?

근신하라 깨어라 너희 대적 마귀가 우는 사자 같이 두루 다니며 삼킬 자를 찾나니
베드로전서 5:8

💡 D3 생각

마귀와 원수 관계에 있기 때문입니다. 왜 우리와 마귀는 원수지간일까요? 우리가 예수님을 믿기 전에는 영적으로 마귀의 자녀(요한복음 8:44)였지만, 예수님을 믿음으로 하나님의 자녀(요한복음 1:12)가 되었기 때문입니다. 자녀를 잃고 가만히 앉아 있을 부모가 어디 있겠습니까? 마귀 역시 빼앗긴 자녀를 되찾기 위해 우는 사자와 같이 두루 다니며 삼킬 자를 찾기 때문에 그와의 영적전쟁이 불가피한 것입니다. 당신도 하나님의 자녀가 되었으므로 반드시 마귀와 싸워야 합니다. 신앙생활 자체가 마귀와의 영적전쟁임을 알아야 합니다.

| 보충의 글 |

Question 3

마귀와의 영적전쟁은 일반적인 전쟁과 전혀 다릅니다. 일반적인 전쟁은 눈에 보이는 무력을 사용하여 싸우지만 마귀와의 영적전쟁은 눈에 보이지 않는 것을 사용하여 싸웁니다. 따라서 마귀와의 전쟁을 일반적인 전쟁의 개념으로 이해하면 안 됩니다. 어떻게 영적전쟁을 이해해야 할까요?

우리의 씨름은 혈과 육을 상대하는 것이 아니요 통치자들과 권세들과 이 어둠의 세상 주관자들과 하늘에 있는 악한 영들을 상대함이라
엡 6:12

💡 D3 생각

마귀와의 영적전쟁은 하나님의 말씀에 순종하느냐, 불순종하느냐의 싸움입니다. 즉 하나님의 말씀에 순종하면 영적전쟁에서 승리한 것이고, 마귀의 말에 순종하면 영적전쟁에서 패배한 것입니다. 예를 들어, 첫 사람 아담이 마귀의 유혹을 받아 하나님께서 금하신 선악과를 먹은 것은 하나님의 말씀에 불순종한 것이기 때문에 영적전쟁에서 진 것이고, 둘째 아담이신 예수께서는 마귀의 유혹을 받았지만 하나님의 말씀을 지키셨기에 승리하신 것입니다. 이처럼 우리가 삶 속에서 하나님의 말씀에 순종하면 영적전쟁에서 승리하는 것이고, 불순종하면 실패하는 것입니다.

| 보충의 글 |

Question 4

마귀는 에덴동산에서 아담과 하와를 유혹하여 하나님의 말씀에 순종하지 못하도록 한 것같이, 지금도 계속해서 하나님의 말씀에 순종하지 못하도록 유혹하고 있습니다. 마귀가 유혹하기 위해 주로 사용하는 도구는 무엇일까요?

이 세상이나 세상에 있는 것들을 사랑하지 말라 누구든지 세상을 사랑하면 아버지의 사랑이 그 안에 있지 아니하니 이는 세상에 있는 모든 것이 육신의 정욕과 안목의 정욕과 이생의 자랑이니 다 아버지께로부터 온 것이 아니요 세상으로부터 온 것이라
요한일서 2:15-16

💡 D3 생각

마귀는 크게 세 가지, 즉 육신의 정욕, 안목의 정욕, 이생의 자랑을 통하여 우리를 유혹합니다. 마귀는 이 세 가지 시험을 통하여 첫 사

람 아담을 유혹하여 넘어뜨렸고, 둘째 아담이신 예수님마저도 유혹하여 넘어뜨리려고 했지만 실패하자, 계속해서 그리스도인들까지 유혹하고 있습니다. 왜 마귀는 이처럼 세 가지 시험을 통하여 계속해서 유혹하는 것일까요? 그것은 모든 사람이 이 세 가지 시험에 가장 약하다는 것을 알고 있기 때문입니다. 지피지기면 백전백승입니다. 마귀의 공격 방법을 잘 알아 대처하므로 영적전쟁에서 승리해야 합니다.

| 보충의 글 |

Question 5

첫 사람 아담 이후 모든 사람은 마귀의 시험에 넘어졌습니다. 그러나 예수께서는 마귀의 시험을 모두 물리치시고 승리하셨습니다. 어떻게 예수께서 마귀의 모든 시험을 물리치실 수 있었을까요?

우리에게 있는 대제사장은 우리의 연약함을 동정하지 못하실 이가 아니요 모든 일에 우리와 똑같이 시험을 받으신 이로되 죄는 없으시니라   히브리서 4:15

💡 D3 생각

첫째로, 예수께서는 말씀으로 마귀의 모든 시험을 물리치셨습니다. 예수께서는 마귀가 시험할 때마다 한결같이 '기록되었으되'(마태복음 4:4,7,10)라고 말씀으로 물리치셨습니다. 어떻게 말씀으로 마귀의 모든 시험을 물리치실 수 있었을까요? 예수께서 평소 말씀을 자주 읽고, 암송하고, 묵상하여 마음 판에 새겨놓으셨기 때문입니다.

둘째로, 예수께서는 기도로 마귀의 모든 시험을 이기셨습니다. 제자들이 주님을 좇다가 마귀의 공격을 받고 시험에 들어 예수님을 부인하게 된 것은 기도하지 않았기 때문이고, 예수께서 마귀의 시험을 받았지만 승리하실 수 있었던 것은 기도하셨기 때문입니다. 기도하지 않으면 영적인 힘이 약해져서 마귀의 시험을 물리칠 수 없습니다. 그래서 예수께서 제자들에게 시험에 들지 않도록 깨어 기도하라고 말씀하신 것입니다(마태복음 26:41).

우리도 예수님처럼 마귀와의 영적전쟁에서 백전백승하기 위해서는 하나님의 말씀을 자유자재로 사용할 수 있도록 말씀을 깊이 묵상하여 마음 판에 새기고 항상 깨어 기도해야 합니다.

| 보충의 글 |

Question 6

욥은 하나님께서 마귀에게 자랑하실 만큼 하나님을 경외하고 악에서 떠난 삶을 살았지만, 마귀의 공격을 받아 큰 곤경 가운데 빠졌습니다. 마찬가지로 우리가 하나님과 동행하는 삶을 살아도 마귀의 공격을 받아 큰 어려움에 처할 수 있습니다. 이럴 경우 어떻게 해야 할까요?

그가 이르되 그대의 말이 어리석은 여자의 말 같도다 우리가 하나님께 복을 받았은즉 화도 받지 아니하겠느냐 하고 이 모든 일에 욥이 입술로 범죄하지 아니하니라
욥기 2:10, 참조 욥기 1:22

💡 D3 생각

첫째로, 아무리 큰 시험을 당할지라도 입술로 죄를 범하지 말아야 합니다. 욥은 마귀의 공격을 받아 한 순간에 모든 소유를 잃고, 열 자녀를 잃고, 발바닥에서 정수리까지 종기가 났지만 하나님을 원망하지 않았습니다. 원망을 하는 순간 마귀의 수하에 놓이게 됨을 알아야 합니다.

둘째로, 끝까지 참아야 합니다. "이 모든 일에 입으로 범죄하지 않았다"는 것은 여러 차례 시험을 받았지만 끝까지 참았다는 뜻입니다. 마귀의 시험은 끝까지 참아야 합니다. 처음에는 이겼어도 중도에 지면

패배한 것입니다. 예수께서는 수없이 마귀의 시험을 받으셨지만 이기셨습니다. 성경은 마지막 때에 각종 시험과 환난이 닥쳐도 "끝까지 견디는 자는 구원을 얻으리라"(마태복음 24:13)고 말씀하고 있습니다.

| 보충의 글 |

Question 7

성경은 욥이 하루아침에 열 자녀와 많은 재산과 건강을 잃게된 이유를 '마귀가 하나님께 허락받아 욥을 공격했기 때문'이라고 말씀하고 있습니다(욥기 1:6-2:10). 그런데 욥은 자신이 고난을 당하게 된 이유를 다르게 설명하고 있습니다. "내가 두려워하는 그것이 내게 임하고 내가 무서워하는 그것이 내 몸에 미쳤구나"(욥기 3:25). 즉 평소 자신에게 재앙이 임할 것이라고 두려워하고 무서워했더니 그것이 현실로 나타났다는 것입니다. 이것을 통하여 무엇을 깨달아야 할까요?

마귀가 벌써 시몬의 아들 가룟 유다의 마음에 예수를 팔려는 생각을 넣었더라
요한복음 13:2, 참조 누가복음 22:47-48

D3 생각

마귀는 우리의 생각을 통하여 공격하므로 생각의 단계에서 마귀의 시험을 물리쳐야 한다는 것입니다. 가룟 유다가 은화 30냥에 예수님을 팔아 버린 것은 마귀가 그러한 생각을 집어넣는 데 성공했기 때문입니다. 성경은 "하나님이 우리에게 주신 것은 두려워하는 마음이 아니요 오직 능력과 사랑과 절제하는 마음이니"(디모데후서 1:7)라고 말씀하고 있습니다. 즉 각종 두려움은 하나님께서 주시는 것이 아니라 마귀가 주는 것이므로 두려움이 엄습해 오면 마귀의 공격으로 알아 즉시 물리쳐야 합니다. 마귀가 두려운 생각을 줄 때에 그대로 받아들이면, 그 두려움

이 현실이 될 수도 있음을 알아야 합니다.

| 보충의 글 |

Question 8

우리가 마귀의 공격 방법을 잘 알아 대처하더라도 마귀는 계속해서 공격할 것입니다. 마치 우는 사자처럼 두루 다니며 삼킬 자를 찾듯이 공격할 것입니다(욥기 1:7; 베드로전서 5:8). 그러나 우리가 마귀의 공격을 조금도 두려워하지 않아도 되는 이유는 무엇일까요?

> 사람이 감당할 시험 밖에는 너희에게 당한 것이 없나니 오직 하나님은 미쁘사 너희가 감당하지 못할 시험 당함을 허락하지 아니하시고 시험 당할 즈음에 또한 피할 길을 내사 너희로 능히 감당하게 하시느니라
>
> 고린도전서 10:13

💡 D3 생각

첫째로, 하나님께서 우리가 감당할 수 없는 시험은 허락하시지 않으시기 때문입니다. 마귀는 하나님의 허락 없이 우리를 공격할 수 없습니다. 욥이 시험을 당한 것도 하나님의 허락하에 이루어진 것입니다(욥기 1:12). 혹 우리가 마귀의 시험 중에 있어도 마귀의 손 안에 있지 않고 하나님의 손 안에 있다는 것을 알아야 합니다.

둘째로, 하나님께서 피할 길을 주시겠다고 약속하셨기 때문입니다. 하나님께서는 전능하시므로 우리가 마귀의 공격으로 전혀 소망이 없는 상황에 처해 있을지라도 얼마든지 새 길을 여실 수 있습니다. 따라서 어떤 상황에서도 절망하지 말고 피할 길을 내신다는 약속의 말씀을 붙잡고 오직 하나님만 바라보아야 합니다.

| 보충의 글 |

Question 9

우리도 욥처럼 마귀의 공격을 받아 물질적으로 큰 손실을 입을 수 있고, 신체적으로 치명적인 손상을 입을 수도 있습니다. 또한 욥이 열 자녀를 잃은 것과 같이 전혀 회복이 불가능한 상황을 맞이할 수도 있습니다. 그런 상황에서도 우리가 마귀와의 영적전쟁에서 승리를 확신할 수 있는 이유는 무엇일까요?

그가 시험을 받아 고난을 당하셨은즉 시험 받는 자들을 능히 도우실 수 있느니라
히브리서 2:18

D3 생각

우리의 대장이신 예수께서 이미 승리하셨고 친히 우리를 도와주시기 때문입니다. 혹 마귀의 시험으로 우리가 목숨을 잃을지라도 마귀에게 패배한 것이 아닙니다. 왜냐하면 잠시 육체의 생명은 잃었어도 영원한 생명은 마귀가 건드릴 수 없도록 생명보자기에 싸여 있기 때문입니다. 우리는 이미 주님께 속한 자가 되었기에 주님의 승리는 곧 우리의 것입니다. 날마다 마귀와의 영적전쟁에서 승리를 확신하며 살아갑시다!

| 보충의 글 |

마귀의 전략

오스카 와일드가 투기가 지닌 악마성을 비유로서 설명한 이야기가 있습니다. 어느 날 마귀의 부하들이 리비안 사막을 지나다가 우연히 성자가 되기 위해 길을 떠난 한 순례자와 만나게 되었습니다. 마귀의 부하들은 이 순례자의 발걸음을 돌리게 하려고 세상의 아름다움을 보여주기도 하고 이성의 쾌락을 연상시키기도 하는 등 모든 방법을 다 동원했습니다. 그러나 부하들은 순례자의 마음을 돌리지 못하고 결국 실패하고 말았습니다.

그 사정을 대장 마귀에게 보고하자 대장 마귀는 잠자코 나를 따르라고 하면서 길 가던 순례자에게 접근하였습니다. 그리고 그의 귀에 은근한 목소리로 어떠한 말을 속삭이자 갑자기 순례자가 얼굴을 일그러뜨리며 발걸음을 돌이키는 것이었습니다. 말 한마디에 순례자를 무너뜨린 것을 본 부하들은 무슨 말을 했는지 궁금해졌습니다. 부하들이 내막을 묻자 대장 마귀는 빙그레 웃으면서 이렇게 말했습니다.

"아주 간단하지. 나는 순례자에게 너의 동생이 방금 알렉산드리아의 대주교가 되었다고 했어."

그 마귀는 계속해서 부하들에게 이렇게 귀띔을 해 주었습니다.
"인간들은 투기하게만 만들어 놓으면 손쉽게 우리 손에 들어올 수 있게 돼."

마귀는 공격할 때에 우리의 가장 약한 부분을 공격합니다. 인간은 모두 교만하기 때문에 다른 사람이 자기보다 더 나은 경우를 보기 싫어합니다. 그래서 마귀는 우리의 마음속에 시기와 질투심을 유발시켜 우리를 넘어뜨리는 것입니다.

성경은 이렇게 말씀합니다.
"그러나 너희 마음속에 독한 시기와 다툼이 있으면 자랑하지 말라 진리를 거슬러 거짓말하지 말라 이러한 지혜는 위로부터 내려온 것이 아니요 땅 위에 것이요 정욕의 것이요 귀신의 것이니 시기와 다툼이 있는 곳에는 혼란과 모든 악한 일이 있음이라"(야고보서 3:14-16).

제4확신

기도 응답의 확신

하나님께서 기도하는 자에게 응답을 약속하셨으므로 모든 그리스도인은 기도의 응답으로 살아가야 합니다(마태복음 7:7-8; 요 14:14). 그런데 실제로 기도의 응답으로 살아가는 그리스도인은 그리 많지 않습니다. 왜 그럴까요? 기도 응답의 확신을 갖고 간절히 기도하지 않기 때문입니다. 기도는 응답의 확신에서 시작됩니다.

제4확신
기도 응답의 확신

> **Question 1**
> 그리스도인은 기도해야 합니다. 왜냐하면 기도는 하나님의 자녀의 특권인 동시에 의무이기 때문입니다. 그러나 이런저런 이유로 기도를 게을리하는 그리스도인들이 너무 많습니다. 일반적으로 기도하기를 주저하는 이유는 무엇일까요?

모든 기도와 간구로 하되 무시로 성령 안에서 기도하고 이를 위하여 깨어 구하기를 항상 힘쓰며 여러 성도를 위하여 구하고

에베소서 6:18, 참조 데살로니가전서 5:17

💡 D3 생각

첫째로, 기도 자체를 어렵다고 생각하기 때문입니다. 그러나 이는 잘못된 생각입니다. 갓난아이가 울기만 해도 부모로부터 도움을 받듯이, 갓 믿은 새신자일지라도 주의 이름을 부르면 응답받을 수 있습니다(로마서 10:13). 기도는 마치 친구와 이야기하듯 하는 것이므로 어렵다고 생각하지 말아야 합니다.

둘째로, 기도의 중요성을 모르기 때문입니다. 사람은 누구나 중요하다고 생각하는 것을 먼저 합니다. 그런데 바쁘다는 이유로 기도를 게을리한다는 것은 기도가 얼마나 중요한지를 모른다는 증거입니다. 기도보다 그리스도인에게 우선해야 할 것은 없습니다.

셋째로, 죄를 지으면 기도할 수 없다고 생각하기 때문입니다. 그리스도인은 죄를 범해서는 안 되지만 혹 죄를 범했어도 기도해야 합니다. 왜냐하면 기도하지 않으면 결코 죄에서 벗어날 수 없기 때문입니다. 오히려 죄를 지을수록 주님께 더 가까이 나아가야 합니다.

넷째로, 나중에 기회가 되면 하겠다고 미루기 때문입니다. 그러나 내일은 우리의 날이 아니고, 오늘만 우리의 날입니다. 따라서 오늘의 기도

를 내일로 미루면 안 됩니다. 마귀가 성도들을 넘어뜨리는 최고의 전략은 오늘 해야 할 기도를 내일로 미루게 하는 것입니다.

| 보충의 글 |

Question 2

흔히 기도를 '영혼의 호흡'이라고 합니다. 기도를 영혼의 호흡이라고 말하는 이유는 절대로 기도를 쉬면 안 된다는 것을 강조한 것입니다. 그런데 의외로 기도하지 않는 것을 대수롭지 않게 생각하는 사람들이 많습니다. 당신은 기도하지 않는 것을 어떻게 생각하고 있습니까?

나는 너희를 위하여 기도하기를 쉬는 죄를 여호와 앞에 결단코 범하지 아니하고
사무엘상 12:23

💡 D3 생각

사무엘 선지자는 기도하기를 멈추는 것을 죄로 여겼기 때문에 항상 기도하는 삶을 살아갈 수 있었습니다. 호흡이 멈추면 육체의 생명이 죽듯이, 기도를 멈추면 영적인 생명이 죽는다는 것을 알고 기도를 멈추지 말아야 합니다. 마틴 루터가 "만일 내가 새벽 2시간을 기도로 보내는 일에 실패하면 그날의 승리는 마귀에게로 돌아간다"라고 말할 수 있었던 것은 그가 기도를 멈추면 안 된다는 것을 일찍이 깨달았기 때문입니다. 이렇게 외칩시다. "기도하지 않는 것은 하나님께 가장 큰 죄를 범하는 것이다."

| 보충의 글 |

Question 3

육신의 부모가 자녀의 요구를 들어주어야 할 책임이 있듯이, 영의 아버지이신 하나님께서도 자녀들의 기도에 응답해 주실 책임이 있습니다. 그렇기 때문에 기도하면 하나님께서 우리의 기도에 반드시 응답해 주십니다(마태복음 7:11). 그런데 단지 하나님께서 우리의 아버지이신 이유 때문에 우리의 기도에 응답해 주시는 것은 아닙니다. 또 다른 이유가 있습니다. 그것은 무엇일까요?

구하라 그리하면 너희에게 주실 것이요 찾으라 그리하면 찾아낼 것이요 문을 두드리라 그리하면 너희에게 열릴 것이니 구하는 이마다 받을 것이요 찾는 이는 찾아낼 것이요 두드리는 이에게는 열릴 것이니라 마태복음 7:7-8

💡 D3 생각

우리가 기도하면 하나님께서 응답해 주시겠다고 약속하셨기 때문입니다. 육신의 부모도 자녀와 약속하면 지키려고 노력합니다(마가복음 6:14-29). 하물며 하나님 아버지께서 그의 자녀에게 하신 약속을 지키시지 않겠습니까?(민수기 23:19). 정말 기도의 응답을 받고 싶다면 단지 자신의 사정을 하나님께 아뢰지 말고 하나님께서 약속하신 말씀을 붙잡고 간구해야 합니다.

| 보충의 글 |

Question 4

성경에는 기도 응답에 대한 약속들이 많이 있는데, 대부분 '무엇이든지' 구하면 응답해 주신다고 말씀하고 있습니다(마태복음 18:19, 21:22; 마가복음 11:24; 요한복음 14:14; 빌립보서 4:6). 어떻게 하나님께서 기도하는 것을 모두 응답해 주실 수 있을까요?

기록된 바 내가 너를 많은 민족의 조상으로 세웠다 하심과 같으니 그가 믿은 바 하나님은 죽은 자를 살리시며 없는 것을 있는 것으로 부르시는 이시니라

로마서 4:17, 참조 예레미야 33:2-3

💡 D3 생각

우리의 기도를 들으시는 하나님께서 죽은 자도 살리시는 전능하신 분이시기 때문입니다. 육신의 부모는 자녀의 요구를 들어주고 싶어도 능력이 없어서 들어주지 못하는 경우가 많지만, 하나님께서는 전능하시므로 무엇을 구하든지 다 응답해 주실 수 있습니다. 따라서 응답을 받으려면 무엇보다도 하나님의 전능하심을 온전히 믿고 기도해야 합니다. 당신은 하나님의 전능하심을 믿고 기도합니까?

| 보충의 글 |

Question 5

하나님께서는 우리가 무엇을 구하든지 다 응답해 주실 수 있는 전능하신 분이십니다. 그런데 우리가 어떻게 기도하느냐에 따라 결과는 전혀 다릅니다. 즉 응답을 받을 수도 있고, 받지 못할 수도 있습니다. 어떻게 기도하면 모두 응답을 받을 수 있을까요?

■ **첫째로, 하나님의 뜻대로 구해야 합니다.**

그를 향하여 우리가 가진 바 담대함이 이것이니 그의 뜻대로 무엇을 구하면 들으심이라 우리가 무엇이든지 구하는 바를 들으시는 줄을 안즉 우리가 그에게 구한 그것을 얻은 줄을 또한 아느니라

요한일서 5:14-15

💡 D3 생각

하나님의 뜻대로 구하면 모두 응답받을 수 있습니다. 기도는 자신의

욕망을 채우는 수단이 아니라 하나님의 뜻을 이루는 통로이기에 하나님의 뜻대로 구하면 100% 응답을 받습니다. 예수께서 구하시는 것마다 응답을 받으신 것은 하나님의 뜻대로 구하셨기 때문입니다. 자기의 뜻대로 기도하면 응답을 받지 못해 점점 기도와 멀어지게 되지만, 주님의 뜻대로 기도해서 응답받으면 기도의 능력을 맛보게 되어 더욱더 간절히 기도하게 됩니다.

| 보충의 글 |

■ 둘째로, 주의 계명을 지키고 하나님을 기쁘시게 해야 합니다.

> 무엇이든지 구하는 바를 그에게서 받나니 이는 우리가 그의 계명을 지키고 그 앞에서 기뻐하시는 것을 행함이라
> 요한일서 3:22

D3 생각

사람들은 기도 응답을 받는 것과 하나님의 계명을 지키는 것은 그다지 관계가 없다고 생각합니다. 그래서 기도는 열심히 하지만 하나님의 계명을 지키려고 애쓰는 그리스도인은 찾아보기 힘듭니다. 기도 응답을 받는 것과 하나님의 계명을 지키는 것은 불가분의 관계에 있습니다. 따라서 응답받기 위해서는 무엇보다도 주의 계명을 지키도록 노력해야 합니다.

| 보충의 글 |

Question 6

조지 뮬러(1805-1898)는 기도하는 한 그리스도인의 모습을 보고 큰 감명을 받아 그리스도인이 된 후, 세계에서 제일가는 고아원을 세워 죽을 때까지 15만여 명이나 되는 고아들을 먹였습니다. 그가 정부나 특정

한 부자에게 손을 내밀지 않고서도 그토록 위대한 사역을 감당할 수 있었던 비결은 무엇일까요?

💡 D3 생각

오직 하나님 아버지 한 분만을 신뢰하며 다음의 4가지 원칙을 가지고 기도했기 때문입니다. 첫째로 아무리 작은 죄라도 깨달았을 때에는 결코 등한히 하지 않았고, 둘째로 하나님의 약속의 말씀을 믿고 기도했고, 셋째로 언제나 하나님께서 자신의 기도에 기꺼이 응답해 주실 것을 확신했고, 넷째로 하나님께서 응답해 주실 때까지 계속 기도했습니다. 우리도 조지 뮬러처럼 4가지 원칙에 따라 기도하면 풍성한 응답을 경험할 수 있습니다.

| 보충의 글 |

Question 7

기도의 응답을 가로막는 훼방꾼들이 있습니다. 죄악(이사야 59:1-2), 욕심(야고보서 4:2-3), 용서치 않음(마가복음 11:25), 인색함(잠언 21:13), 낙망(누가복음 18:1), 불순종(잠언 28:9) 등은 기도의 응답을 방해하는 적입니다. 따라서 기도의 응답을 받기 위해서는 이들과의 싸움에서 이겨야 합니다. 기도 응답의 훼방꾼들과 각각 어떻게 싸워야 할까요?

💡 D3 생각

죄　악 - 하나님은 거룩하신 분이시기 때문에 죄를 지은 상태에서는 응답하시지 않습니다(이사야 59:1-2). 따라서 죄를 짓지 않기 위해 피 흘리기까지 싸워야 하고 혹 죄를 범한 경우에는 즉시 고백하여 깨끗이 씻음을 받아야 합니다.

욕　심 - 욕심은 죄를 낳고 하나님과의 관계를 단절시키기 때문에 기도의 응답을 받기 위해서는 날마다 정욕과 탐심을 십자가에 못 박아야 합니다(갈라디아서 5:24).

용서치 않음 - 우리가 용서하지 않으면 하나님께서 기뻐하시지 않기 때문에 기도의 응답을 받기 위해서는 먼저 용서해야 합니다. 예수께서 "서서 기도할 때에 아무에게나 혐의가 있거든 용서하라"(마가복음 11:25)고 말씀하신 것을 기억해야 합니다.

인색함 - 하나님께서 심은 대로 거두게 하시기 때문에 평소 어려운 사람들에게 도움의 손길을 많이 뻗쳐야 합니다(갈라디아서 6:7; 요한일서 3:17).

낙 망 - 기도의 응답을 받기 위해서는 낙망의 벽을 뛰어넘어야 합니다(누가복음 18:1-8). 낙망의 벽을 넘으려면 기도의 응답을 확신하고 끈질기게 기도해야 합니다.

불순종 - 하나님께서는 말씀에 불순종하는 자를 기뻐하시지 않기 때문에 그의 간구에 귀를 막으십니다. 따라서 기도의 응답을 받으려면 날마다 불순종을 회개하고 말씀에 순종해야 합니다(요한일서 3:22).

| 보충의 글 |

Question 8

예수께서는 금식기도로 공생애를 준비하셨고(마태복음 4:1-2), 새벽 미명에 기도하셨고(마가복음 1:35), 열두 제자를 선택하시기 전 밤이 새도록 기도하셨고(누가복음 6:12-13), 제자들에게 기도를 어떻게 해야 하는지 가르치셨고(마태복음 6:5-15), 문제 앞에서 기도하셨고(요한복음 11:17-44), 제자들에게 기도하라고 명령하셨고(요한복음 16:24), 십자가를 지시기 전 간절히 기도하셨고(누가복음 22:44; 히브리서 5:7), 십자가 위에서 죽으시는 순간까지도 기도하셨습니다(누가복음 23:46). 이런 사실들을 통하여 무엇을 알 수 있을까요?

💡 D3 생각

한마디로 예수께서는 무릎으로 공생애를 사셨다는 것입니다. 예수께서 신앙의 모델이시므로 우리도 예수님처럼 기도해야 합니다. 기도하는 일에 예수님을 닮지 않으면 결코 그리스도의 제자가 될 수 없습니다. 기도의 거장 E.M.바운즈가 "기도의 실패자는 곧 생활의 실패자다"라고 했듯이, 예수님을 본받아 기도하는 자만이 인생의 참다운 성공자가 될 수 있습니다.

| 보충의 글 |

Question 9

기도는 곧 응답이므로 응답의 확신을 갖고 기도해야 합니다. 다윗이 고난 중에도 늘 기도할 수 있었던 것은 하나님께서 자신의 기도에 응답해 주신다는 것을 확신하고 있었기 때문입니다. 당신은 기도하면서 응답을 확신하고 있습니까?

하나님이여 내게 응답하시겠으므로 내가 불렀사오니 내게 귀를 기울여 내 말을 들으소서
시편 17:6

💡 D3 생각

기도의 응답을 확신하지 않는 사람은 기도하지 않습니다. 즉 기도와 기도 응답의 확신은 비례합니다. 기도의 응답이 늦어지면 기도 응답의 확신이 약해질 수 있습니다. 그런데 기도는 곧 응답이기 때문에 하나님께서 반드시 응답하실 것을 확신하고 끝까지 기도해야 합니다.

| 보충의 글 |

기도는 응답입니다

　기도의 성자라고 불리는 조지 뮬러(George muller)는 그의 생애에 구체적으로 기도 응답을 받았다고 생생하게 기억할 수 있는 사건만 해도 무려 오만 번이나 된다고 합니다. 그가 기도한 것 중 가장 많은 시간을 들인 것은 어렸을 때부터 같이 삶을 나누었던 다섯 친구의 구원 문제였습니다. 그런데 무려 오십이 년 동안이나 기도했지만 다섯 친구 중 세 사람만 구원을 받았고 나머지 두 사람은 구원을 받지 못했습니다.
　이제 노년이 되어 병석에 누운 뮬러는 서서히 자기 인생의 마지막 날이 다가오는 것을 느끼게 되었습니다. 그래서 교회에서 마지막으로 설교하기를 간청하고 마지막 남은 힘을 다해서 설교를 하였습니다. 바로 그날 우연히 안 믿던 두 친구 중 하나가 그곳에 참석했다가 뮬러 목사의 설교를 듣고 회개하며 예수님을 믿게 되었습니다. 그러나 나머지 한 친구의 구원을 끝내 보지 못한 채 뮬러는 세상을 떠났습니다.
　그 후 그때까지 안 믿고 있었던 친구가 뮬러의 죽음 소식을 듣게 되었습니다. 그리고 그 친구는 뮬러가 자기를 위해서 무려 오십이 년간이나 기도했다는 이야기까지 듣게 되었습니다. 그 소식을 들은 친구는 뮬러가 죽은 바로 그 해에 결국 예수님을 믿었습니다.
　마지막으로 예수님을 믿은 그 친구는 전 영국을 순회하면서 이렇게 간증했습니다.
"뮬러 목사의 기도는 모두 응답되었습니다. 그리고 저는 그 최후의 응답입니다."
　이 짧은 이야기를 통해서 무엇을 알 수 있습니까? 우리가 믿고 구하는 기도는 모두 응답을 받는다는 사실입니다. 따라서 기도의 응답이 없다고 낙심하지 말고 만사에 때가 있음을 알고 응답받을 때까지 기도해야 합니다. 기도는 곧 응답입니다.

제5확신
인도의 확신

　모든 그리스도인은 주님의 인도를 받고 살아야 합니다. 왜냐하면 주님께서 우리의 선한 목자이시기 때문입니다. 목자의 인도를 받지 않는 양은 이리에게 먹히거나 웅덩이에 빠지게 되듯이, 주님의 인도를 받지 않는 그리스도인은 영육 간에 풍성한 삶을 누릴 수 없습니다(요한복음 10:10-11). 양이 목자의 음성을 듣고 목자의 인도를 따르듯이, 우리도 선한 목자이신 주님의 음성을 듣고 그분의 인도를 따라가야 합니다. 주님은 우리를 영원히 인도하십니다.

제5확신
인도의 확신

Question 1

사람은 요람에서 무덤까지 혼자서는 살 수 없습니다. 부모, 자녀, 형제, 스승, 친구, 선후배, 이웃들의 도움을 받아야 살 수 있습니다. 그런데 그들의 도움에는 한계가 있습니다. '모든 일'을 도와줄 수도 없고, '끝까지' 도와줄 수도 없습니다. 경우에 따라서는 그들의 도움이 오히려 해가 되기도 합니다. 그런데 전능하신 하나님께서 '범사에', '죽을 때까지' 우리를 인도해주십니다. 왜 하나님께서 우리를 인도해주실까요?

나는 선한 목자라 선한 목자는 양들을 위하여 목숨을 버리거니와

요한복음 10:11

💡 D3 생각

하나님께서는 우리를 기르시는 목자이시고 우리는 그분의 양이기 때문입니다. 즉 하나님과 우리가 목자와 양의 관계에 있기 때문입니다(이사야 40:11). 목자와 양의 관계에서 가장 중요한 것은 목자는 양을 인도하고 양은 목자의 인도를 따르는 것입니다. 따라서 하나님께서 우리를 '범사에' 그리고 '죽을 때까지' 인도하시는 것은 지극히 당연한 것입니다.

| 보충의 글 |

Question 2

하나님께서 우리의 선한 목자이시므로 우리를 인도하시기를 원하십니다. 그런데 모든 사람을 무조건적으로 인도하시지는 않습니다. 우리의 마음과 행위가 하나님의 마음에 맞아야 합니다. 어떻게 하면 하나님께서 우리를 인도하실까요?

너는 마음을 다하여 여호와를 신뢰하고 네 명철을 의지하지 말라 너는 범사에 그를 인정하라 그리하면 네 길을 지도하시리라   잠언 3:5-6

💡 D3 생각

첫째로, 마음을 다하여 여호와를 의뢰해야 합니다. 하나님께서는 전심으로 의지하는 자를 인도하십니다(사무엘상 16:7; 예레미야 29:13). 두 마음을 품고 왼쪽 발은 세상을 향하고, 오른쪽 발은 주님을 향하는 자는 결코 주님의 인도를 받을 수 없습니다.

둘째로, 자신의 명철을 의지하지 말아야 합니다. 하나님께서는 스스로 지혜롭다고 생각하고 자신을 의지하는 자를 그의 꾀에 넘어가게 하시고(잠언 1:29-31), 자신을 어리석다고 생각하고 주님을 의지하는 자를 인도하십니다(시편 116:6-7).

셋째로, 범사에 하나님을 인정해야 합니다. '범사에' 하나님을 인정해야 한다는 것은 작은 일이든 큰일이든 주님께 물어야 한다는 뜻입니다(빌립보서 4:6). '범사에' 하나님을 인정하기 위해서는 지극히 작은 일에서부터 주님께 묻는 것을 훈련해야 합니다. 작은 일이라고 주님께 묻지 않고 자기 멋대로 행하면 큰 낭패를 당하기 쉽습니다(참조. 아가서 2:15; 스가랴 4:10).

| 보충의 글 |

Question 3

우리가 주님의 인도를 받으려는 마음을 갖고 있어도 주님께서 인도하시는 방법을 모르면 온전히 주님의 인도를 받을 수 없습니다. 그런데 주님과 사람의 인도 방법이 전혀 다르기 때문에 주님의 인도 방법을 알아야 합니다. 주님께서는 우리를 어떻게 인도하실까요?

- **첫째로, 각자의 체질을 고려하여 인도하십시오.**

> 바로가 백성을 보낸 후에 블레셋 사람의 땅의 길은 가까울지라도 하나님이 그들을 그 길로 인도하지 않으셨으니 이는 하나님이 말씀하시기를 이 백성이 전쟁을 하게 되면 마음을 돌이켜 애굽으로 돌아갈까 하셨음이라 그러므로 하나님이 홍해의 광야 길로 돌려 백성을 인도하시매
> 출애굽기 13:17-18

💡 D3 생각

하나님께서 이스라엘 백성들을 가까운 길을 버리고 먼 길로 인도하신 것은 그렇게 하지 않으면 그들이 블레셋 사람들을 인하여 마음을 돌이켜 다시 애굽으로 돌아갈 것을 아셨기 때문입니다. 즉 하나님께서는 각자의 체질을 고려하여 인도하십니다(시편 103:14). 따라서 하나님께서 자기의 생각대로 움직이시지 않는다고 주님의 인도하심을 의심해서는 안 됩니다.

| 보충의 글 |

- **둘째로, 마땅히 행할 길로 인도하십니다.**

> 너희의 구속자시요 이스라엘의 거룩하신 이이신 여호와께서 가라사대 나는 네게 유익하도록 가르치고 너를 마땅히 행할 길로 인도하는 네 하나님 여호와라
> 이사야 48:17

💡 D3 생각

본문에서 '마땅히 행할 길'이란 우리가 꼭 가야 할 길을 말합니다. 따라서 주님의 인도를 받으면 시행착오를 겪지 않게 되어 인생을 허비하지 않게 됩니다.

| 보충의 글 |

- **셋째로, 한 걸음씩 단계적으로 인도하십니다.**

  여호와께서 아브람에게 이르시되 너는 너의 고향과 친척과 아버지의 집을 떠나 내가 네게 보여 줄 땅으로 가라
  창세기 12:1, 참조 사도행전 8:26-40

💡 **D3 생각**

하나님께서 아브라함에게 본토 친척 아비 집을 떠나 가나안으로 가라고 하시지 않고, '내가 네게 보여 줄 땅'으로 가라고 하셨습니다. 즉 하나님께서는 한 번에 미래를 모두 알게 하시지 않고 단계적으로 알게 하십니다. 따라서 어떤 일을 조급하게 결정하려고 하는 것은 주님의 인도를 따르는 것이 아님을 알아야 합니다.

| 보충의 글 |

- **넷째로, 전혀 예상치 못한 방법으로 인도하십니다.**

  여호와께서 그들 앞에 행하사 낮에는 구름 기둥으로 그들의 길을 인도하시고 밤에는 불기둥으로 그들에게 비취사 주야로 진행하게 하시니
  출애굽기 13:21, 참조 사도행전 8:39

💡 **D3 생각**

이스라엘 백성들은 하나님께서 자신들을 낮에는 구름 기둥으로 밤에는 불기둥으로 인도하실 것이라고 전혀 예상하지 못했습니다. 그런데 왜 하나님께서 그렇게 인도하셨을까요? 그렇게 하시지 않으면 이스라엘

백성들이 낮의 더위와 밤의 추위를 견딜 수 없어 광야에서 죽을 수도 있었기 때문입니다. 지금도 우리가 혹 감당할 수 없는 상황에 놓이면 하나님께서 전혀 예상치 못한 방법으로 인도하십니다. 따라서 아무리 어려운 상황을 맞이했을지라도 절망하지 말고 오직 주님의 인도하심을 바라보아야 합니다.

| 보충의 글 |

- **다섯째로, 바른 길로 인도하십니다.**

    내 영혼을 소생시키시고 자기 이름을 위하여 의의 길로 인도하시는도다
    시편 23:3, 참조 역대하 19:7

D3 생각

하나님께서는 의로운 분이시므로 우리를 바른 길로 인도하십니다. 따라서 자신이 주님의 인도를 받고 있는지 아닌지는 바른 길을 걷고 있는지 아닌지를 통하여 알 수 있습니다. 혹 그릇된 길을 걸어가고 있지만 일이 잘 풀린다고 해서 주님께서 인도하신다고 생각하면 안 됩니다.

| 보충의 글 |

Question 4

다윗은 시편 23편에서 자신과 하나님과의 관계를 목자와 양의 관계로 비유하여 주님의 인도를 따르는 자의 삶이 어떠한지를 고백하고 있습니다. 우리도 주님의 인도를 따르면 다윗과 동일한 고백을 할 수 있습니다. 우리가 주님을 믿고 있지만 다윗처럼 고백하지 못하는 것은 실제로 주님의 인도를 받지 않고 살아가기 때문입니다. 주님의 인도를 받으면 구체적으로 어떤 삶을 살 수 있을까요?

여호와는 나의 목자시니 내게 부족함이 없으리로다 그가 나를 푸른 풀밭에 누이시며 쉴 만한 물가로 인도하시는도다. 내 영혼을 소생시키시고 자기 이름을 위하여 의의 길로 인도하시는도다. 내가 사망의 음침한 골짜기로 다닐지라도 해를 두려워하지 않을 것은 주께서 나와 함께 하심이라 주의 지팡이와 막대기가 나를 안위하시나이다. 주께서 내 원수의 목전에서 내게 상을 차려 주시고 기름을 내 머리에 부으셨으니 내 잔이 넘치나이다 내 평생에 선하심과 인자하심이 반드시 나를 따르리니 내가 여호와의 집에 영원히 살리로다 시편 23:1-6

💡 D3 생각

첫째로, 만족한 삶을 누릴 수 있습니다. "부족함이 없으리로다"라는 것은 만족을 누린다는 뜻입니다. 인간은 아무리 많은 것을 소유하고, 알고 있어도 주님을 목자로 모시지 않으면 만족할 수 없습니다. 지금 당신에게 만족함이 없다면 목자이신 주님의 인도를 받고 있지 않다는 증거입니다.

둘째로, 풍성한 삶을 누릴 수 있습니다. "푸른 풀밭에 누이시며"라는 것은 먹을 양식이 많다는 뜻입니다(요한복음 10:10). 마찬가지로 우리가 목자이신 주님의 인도를 받으면 영육 간에 풍성한 삶을 살아갈 수 있습니다.

셋째로, 안식을 누릴 수 있습니다. "쉴 만한 물가로 인도하시는도다"라는 것은 쉼과 안식을 누린다는 것입니다. 어거스틴은 예수님을 만난 후 "하나님이여! 당신의 품 안에 안기기 전까지 내 영혼에 참 안식이 없었나이다"라고 고백했습니다. 즉 주님을 목자로 모시면 영혼과 육체의 쉼과 안식을 누릴 수 있습니다.

넷째로, 두려움이 없는 삶을 살 수 있습니다. "사망의 음침한 골짜기로 다닐지라도 해를 두려워하지 않을 것"이란 양이 목자와 함께 하면 위험한 골짜기를 통과할 때도 두려움이 없듯이, 우리가 어떤 상황을 만나도 목자이신 주님의 인도를 받으면 두려움이 없는 삶을 살게 된다는 것입니다. 혹 당신이 어떤 일로 두려워하고 있다면 그것은 상황 때문이 아니라 목자이신 주님의 인도를 받고 있지 않기 때문입니다.

다섯째로, 하나님의 보호를 받는 삶을 살 수 있습니다. "내 원수의 목전에서 내게 상을 차려주시고"라는 말은 하나님께서 원수들 앞에서 다윗을 하나님의 한 가족으로 인정해 주심으로 대적들이 자기를 함부로 건드릴 수 없도록 보호해 주셨다는 것입니다. 즉 목자이신 주님의 인도를 받으면 하나님의 보호를 받기 때문에 마귀가 우리를 함부로 건드리지 못합니다.

여섯째로, 하나님의 극진한 대접을 받는 삶을 살 수 있습니다. "기름을 내 머리에 바르셨으니"라는 말은 하나님께서 다윗을 손님으로 환영해 주시려고 머리에 기름을 발라주셨다는 뜻입니다(시편 133:2). 즉 하나님께서 다윗을 극진히 대접해 주셨다는 것입니다. 주님의 인도를 받는 사람은 주님께 극진한 대접을 받는 삶을 살게 됩니다.

일곱째로, 오직 주님만 섬기는 삶을 살 수 있습니다. "내 평생에 선하심과 인자하심이 … 영원히 살리로다"라는 것은 주님을 목자로 모시고 인도를 받았더니 너무나 행복하기에 다른 주인을 찾아 기웃거리지 않고 오직 하나님만을 섬기겠다는 고백입니다. 우리도 목자이신 주님의 인도를 받으면 다윗과 같은 고백을 드릴 수 있습니다.

| 보충의 글 |

Question 5

양은 짐승 중에서 가장 어리석고 미련하지만 푸른 풀밭과 쉴 만한 물가에서 만족을 누리며 살아갑니다. 반면에 사자는 모든 짐승의 왕이지만 굶어서 죽는 경우가 많습니다. 그래서 시편 기자는 "젊은 사자는 궁핍하여 주릴지라도 여호와를 찾는 자는 모든 좋은 것에 부족함이 없으리로다"(시편 34:10)라고 말하고 있는 것입니다. 왜 이런 현상이 일어나는 것일까요?

주를 멀리하는 자는 망하리니 음녀 같이 주를 떠난 자를 주께서 다 멸하셨나이다 하나님께 가까이 함이 내게 복이라 내가 주 여호와를 나의 피난처로 삼아 주의 모든 행적을 전파하리이다

시편 73:27-28, 참조 요한복음 15:5

 D3 생각

양은 초식 동물 가운데 가장 약하고 온순하지만 그 배후에 목자가 있기 때문이고, 짐승의 왕인 사자는 목자 없이 자기의 힘과 능력으로만 살아가기 때문입니다. 즉 양은 목자와 가까이하여 목자의 인도를 받기 때문에 풍성한 삶을 살아가는 것이고, 사자는 목자의 인도를 받지 않고 자기의 힘으로 살아가기에 곤핍한 것입니다.

| 보충의 글 |

Question 6

지금까지 왜 주님께서 인도하시는지, 어떤 자세를 취해야 주님의 인도를 받을 수 있는지, 어떻게 주님께서 인도하시는지, 주님의 인도를 받으면 어떤 유익이 있는지 등을 살펴보았습니다. 이제 실제적으로 주님의 인도를 받는 일만 남았습니다. 어떻게 하면 주님의 인도를 받으며 살아갈 수 있을까요?

- 첫째로, 주님의 인도에 대한 확신을 가져야 합니다.

이 하나님은 영원히 우리 하나님이시니 그가 우리를 죽을 때까지 인도하시리로다

시편 48:14

 D3 생각

시인이 이렇게 고백할 수 있었던 것은 주님께서 자기를 인도하신다는 확신을 가졌기 때문입니다. 하나님께서는 아무나 인도하시지 않고 인도의 확신을 가진 자만 인도하십니다. 따라서 날마다 주님의 인도를 받으려면 주님께서 인도하신다는 확신으로 시작해야 합니다. 인도의 확신은 주님의 인도를 받는 첫 걸음입니다.

| 보충의 글 |

- 둘째로, 주님의 음성을 듣기 위해 노력해야 합니다.

내 양은 내 음성을 들으며 나는 그들을 알며 그들은 나를 따르느니라
요한복음 10:27

D3 생각

목자가 양을 불러도 양이 목자의 음성을 듣지 않으면 그 인도를 받을 수 없듯이, 주님께서 우리에게 말씀하셔도 귀 기울여 듣지 않으면 주님의 인도를 받을 수 없습니다. 따라서 주님의 인도를 받기 위해서는 주님의 음성을 듣기 위해 노력해야 합니다.

| 보충의 글 |

- 셋째로, 주님의 인도를 받기에 합당한 삶을 살아야 합니다.

하나님이여 나를 살피사 내 마음을 아시며 나를 시험하사 내 뜻을 아옵소서 내게 무슨 악한 행위가 있나 보시고 나를 영원한 길로 인도하소서 시편 139:23-24

💡 **D3 생각**

　하나님은 거룩하신 분이시므로 우리가 주의 인도를 받으려면 거룩한 삶을 살아야 합니다. 죄 가운데 살면서 주님께 인도를 받으려고 하는 것은 마치 나무에서 물고기를 구하는 것과 같습니다(연목구어 · 緣木求魚). 주님의 인도를 받기 전 자신이 먼저 하나님 앞에 바로 살고 있는지를 점검해야 합니다.

| 보충의 글 |

Question 7

　앞서 살펴보았듯이 주님의 인도를 받기 위해서는 무엇보다 주님의 음성을 들어야 합니다. 그런데 주님께서 어떻게 말씀하시는지를 알지 못하면 제대로 음성을 들을 수 없습니다. 주님께서는 다양한 방법, 즉 하나님과의 대화, 환상, 꿈, 사건과 사고, 상담 등을 통해서 말씀하십니다. 그런데 이보다 더 정확하고 확실하게 주님의 음성을 듣는 방법이 있습니다. 그것은 무엇일까요?

주의 말씀은 내 발에 등이요 내 길에 빛이니이다　　　　시편 119:105

💡 **D3 생각**

　하나님께서는 기록된 말씀, 즉 성경을 통하여 말씀하십니다. 물론 오늘날도 하나님께서 다메섹 도상에서 사울을 부르신 것처럼 직접 말씀하실 수도 있습니다(사도행전 9:1-9). 그런데 그런 경우는 극히 드뭅니다. 대부분은 하나님의 말씀을 통해서 하십니다. 갑자기 말씀을 생각나게 하시거나, 동일한 말씀을 반복해서 듣게 하시거나, 말씀을 읽거나 들을 때에 마음에 와 닿게 하시거나, 설교를 들을 때 은혜를 받게 하심으로 말씀하기도 하십니다. 따라서 우리가 말씀으로 주님의 음성을 듣기 위해서는 말씀을 사모하고 가까이해야 합니다. 시편 기자의 고백이 우리의 고백이 되어야 합니다. "나의 영혼이 주의 구원을 사모하기에 피곤하오나 나는 주의 말씀을 바라나이다 나의 말이 주께서 언제나 나를 안위하실까 하면서 내 눈이 주의 말씀을 바라기에 피곤하나이다"(시편 119:81-82).

| 보충의 글 |

Question 8

예수께서 "그러나 진리의 성령이 오시면 그가 너희를 모든 진리 가운데로 인도하시리니 그가 스스로 말하지 않고 오직 들은 것을 말하며 장래 일을 너희에게 알리시리라"(요한복음 16:13)라고 말씀하셨듯이, 성령의 인도를 받으면 진리 가운데 거할 수 있습니다. 따라서 성령의 인도를 받는 것보다 주님의 인도를 받는 더 좋은 방법은 없습니다. 어떻게 하면 성령의 인도를 온전하게 받을 수 있을까요?

술 취하지 말라 이는 방탕한 것이니 오직 성령으로 충만함을 받으라

에베소서 5:18

D3 생각

성령의 충만을 받으면 성령의 인도를 받는 삶을 살 수 있습니다. 초대교회 성도들이 성령의 인도를 받을 수 있던 것은 오순절에 임한 성령으로 충만했기 때문입니다. 빌립과 스데반 집사가 성령의 인도를 따라 사역을 능력 있게 감당할 수 있었던 것도 성령의 충만을 받았기 때문입니다(사도행전 6:5, 8:26-40). 성령의 충만을 받으면 누구나 성령의 인도를 받아 능력 있는 그리스도인으로 살아갈 수 있습니다.

| 보충의 글 |

주님의 인도를 받은 존 번연

　존 번연이 국왕의 명을 어긴 죄로 12년 동안이나 감옥에 갇혀 지내야 했던 적이 있었습니다. 그 긴 세월 동안 그의 아내는 거지처럼 구걸하다가 죽게 되었고, 그의 세 자녀들은 졸지에 고아가 되어 생계를 스스로 책임져야 하는 처지가 되었습니다.
　그러나 이토록 비참한 상황 속에서도 그는 감옥에서 이렇게 기도했습니다.
"하나님, 전 너무나 고통스럽습니다. 그러나 제가 주를 위해서 할 수 있는 일이 있을까요? 만약 제가 하나님을 위해 할 수 있는 일이 있다면 저는 절망하지 않겠습니다."
　이때 주님께서 그의 마음에 감동을 주셨습니다.
"너는 글을 쓰거라. 나는 너에게 글을 쓸 수 있는 달란트를 주었노라."
　그래서 쓴 책이 바로 불후의 명작인 《천로역정》입니다. 하루는 옥사장이 번연에게 문을 열어주면서 부인과 가족을 보고 오라고 했습니다. 존 번연은 고마운 마음으로 집을 향해 가다가 되돌아왔습니다. 그리고 옥사장에게 "당신의 호의는 고맙지만 성령이 인도하시는 길이 아니라서 돌아왔습니다"라고 했습니다. 그로부터 1시간 후에 국왕이 직접 감옥을 시찰하면서 존 번연이 갇혀 있는 것을 확인하고 돌아갔습니다.
　그 후 간수는 이렇게 말했습니다.
"목사님께서 성령의 인도하심을 따라 행동하셨기에 목사님도 살고 저도 살았습니다. 이제 제가 목사님께 가시라 오시라 하지 않을 테니까, 목사님의 마음에 비쳐오는 성령의 인도하심을 따라 가시고 싶을 때 가셨다가 오시고 싶을 때 오셔도 좋습니다."

제6확신

임마누엘의 확신

    하나님께서 우리 안에 들어와 계시므로 항상 임마누엘의 확신으로 살아가야 합니다. 그리고 한 걸음 더 나아가 주변 사람들에게 하나님께서 언제나 함께 하심을 보여주어야 합니다. 하나님께서 함께 하시지만 임마누엘의 확신을 잃어버리면 세상 사람들처럼 염려와 걱정 가운데 살게 됩니다. 그러나 임마누엘의 확신을 가지면 모든 두려움에서 해방되고 하나님의 자녀답게 능력 있는 삶을 살아갈 수 있습니다.

제6확신
임마누엘의 확신

Question 1

우리는 종종 교회, 회사, 상점 등의 이름에서 '임마누엘'이라는 단어를 발견할 수 있습니다. 이처럼 '임마누엘'을 쉽게 발견할 수 있는 것은 그만큼 사람들이 이 단어를 선호한다는 증거입니다. 왜 사람들은 '임마누엘'이라는 단어를 선호할까요?

네가 가는 모든 곳에서 내가 너와 함께 있어 네 모든 원수를 네 앞에서 멸하였은즉 땅에서 위대한 자들의 이름 같이 네 이름을 위대하게 만들어 주리라 사무엘하 7:9

💡 D3 생각

그것은 '임마누엘'이 가지고 있는 의미 때문입니다. '임'은 함께 하다, '마누'는 우리와, '엘'은 하나님, 즉 '임마누엘'은 하나님께서 우리와 함께 하신다는 뜻입니다. 전능하신 하나님께서 무능하고 연약한 자와 함께 하시는 것보다 더 큰 복은 없습니다. 이렇게 외칩시다. "나는 최고의 복을 받은 자다."

| 보충의 글 |

Question 2

일반적으로 사람들은 한 개의 이름을 갖고 있지만 마태는 예수님의 이름을 두 개로 소개하고 있습니다(마태복음 1:21-23). 즉 여호와는 구원자라는 뜻의 '예수'와 하나님께서 우리와 함께 하신다는 뜻의 '임마누엘'입니다. 그런데 사람들은 이름으로 '예수'는 불러도 '임마누엘'은 부르지 않습니다. 그것은 사람들에게 불리기 위해 지은 이름이 아니기 때문입니다. 성경 어느 곳에서도 '임마누엘'이 이름으로 불린 것을 찾아볼 수 없습니다. 왜 마태는 예수님의 또 다른 이름을 '임마누엘'이라고 기록했을까요?

아들을 낳으리니 이름을 예수라 하라 이는 그가 자기 백성을 그들의 죄에서 구원할 자이심이라 하니라 이 모든 일이 된 것은 주께서 선지자로 하신 말씀을 이루려 하심이니 이르시되 보라 처녀가 잉태하여 아들을 낳을 것이요 그의 이름은 임마누엘이라 하리라 하셨으니 이를 번역한즉 하나님이 우리와 함께 계시다 함이라

마태복음 1:21-23

D3 생각

마태가 이사야의 예언, 즉 "처녀가 잉태하여 아들을 낳을 것이요 그의 이름은 임마누엘이라 하리라"(이사야 7:14)라는 것을 인용해서 예수님의 또 다른 이름을 '임마누엘'이라고 소개한 것은 예수께서 곧 하나님이신 것을 밝힌 것입니다. 즉 마태는 우리를 죄에서 구원하시기 위해 하나님께서 친히 육신을 입고 이 세상에 오셔서 우리와 함께 계신 분이 예수님이신 것을 깨닫도록 하기 위해, '임마누엘'을 예수님의 또 다른 이름으로 기록한 것입니다. 그런데 '임마누엘'이 부르기 위한 이름이 아닐지라도, 이를 자주 부르면 이름의 뜻대로 하나님께서 함께 하시므로 자주 사용하는 것이 좋습니다.

| 보충의 글 |

Question 3

고독감은 신앙과 상관없이 누구에게나 찾아옵니다. 갑자기 많은 재물을 잃거나, 가깝던 친구가 배신을 하거나, 자신하고 있던 건강을 잃으면 고독감이 느껴지게 됩니다. 믿었던 만큼 고독감은 더욱더 깊어

집니다. 그런데 모든 것을 잃었을지라도 고독감에서 벗어날 수 있는 방법이 있습니다. 어떻게 하면 될까요?

> 보라 너희가 다 각각 제 곳으로 흩어지고 나를 혼자 둘 때가 오나니 벌써 왔도다 그러나 내가 혼자 있는 것이 아니라 아버지께서 나와 함께 계시느니라
> 요한복음 16:32

💡 D3 생각

하나님께서 자신과 함께 하신다는 확신, 즉 임마누엘의 확신을 가지면 됩니다. 예수께서 제자들에게 배신을 당하셨지만 혼자 있는 것이 아니라 하나님께서 함께 하신다는 확신으로 십자가의 시험을 넉넉히 이기셨습니다. 누구든지 임마누엘의 확신을 가지면 고독감을 넉넉히 이길 수 있습니다.

| 보충의 글 |

Question 4

성경에는 하나님께서 우리와 함께 하시겠다는 약속이 많이 등장합니다(창세기 28:15; 신명기 31:6; 히브리서 13:5 등). 그런데 함께 하시겠다는 약속에 '결코'라는 단어가 포함되어 있는 경우가 많습니다. 이처럼 하나님께서 함께 하시겠다고 약속하시면서 '결코'를 넣으신 것은 반드시 약속을 지키시겠다는 것을 강조하신 것입니다. 우리가 그것을 어떻게 확신할 수 있을까요?

> 하나님은 사람이 아니시니 거짓말을 하지 않으시고 인생이 아니시니 후회가 없으시도다 어찌 그 말씀하신 바를 행하지 않으시며 하신 말씀을 실행하지 않으시랴
> 민수기 23:19

💡 D3 생각

하나님께서는 전능하실 뿐만 아니라 신실하시기 때문입니다. 일반적으로 사람은 약속을 하고도 감당하기 힘든 상황에 처하거나 마음이 바뀌면 번복하지만, 하나님께서는 전능하시고 신실하시므로 결코 약속하신 것을 번복하시지 않습니다. 따라서 우리는 하나님께서 반드시 우리와 함께 하신다는 약속을 굳게 확신해야 합니다. 우리가 종종 임마누엘의 확신을 잃은 채 살아가는 것은 하나님께서 우리와 반드시 함께 하시겠다고 약속하신 것을 굳게 확신하지 못하기 때문입니다. 전능하고 신실하신 하나님을 마치 능력에 한계가 있고 수시로 변덕을 부리는 인간처럼 생각하지 말아야 합니다.

| 보충의 글 |

Question 5

성경의 인물들을 보면 하나님께서 함께 하실 때와 그렇지 않을 때가 전혀 다른 것을 알 수 있습니다. 아브라함은 이방 신을 섬기고 우상을 만들어 파는 자에 불과했지만 하나님께서 함께 하심으로 믿는 자의 조상이 되었습니다. 모세는 하나님께서 함께 하시기 전에는 살인자이고 도망자였지만, 하나님께서 함께 하심으로 이스라엘 민족을 구원하는 위대한 지도자가 되었습니다. 요셉은 야곱의 11번째 아들에 불과했지만 하나님께서 함께 하심으로 애굽의 총리가 되어 기근 시에 자기 민족을 살리는 위대한 지도자가 되었습니다. 다윗은 이새의 말째 아들에 불과했지만 하나님께서 함께 하심으로 이스라엘의 왕이 되었고 그를 통하여 메시아가 오셨습니다. 하나님께서 우리와 함께 하시면 어떻게 될까요?

■ 첫째로, 하나님의 능력을 드러내는 삶을 살게 됩니다.

하나님이 나사렛 예수에게 성령과 능력을 기름 붓듯 하셨으매 그가 두루 다니시며 선한 일을 행하시고 마귀에게 눌린 모든 사람을 고치셨으니 이는 하나님이 함께 하셨음이라
사도행전 10:38

💡 D3 생각

예수께서 두루 다니시며 착한 일을 행하시고 마귀에게 눌린 모든 자들을 고치신 것은 그의 능력으로 한 것이 아니라 하나님께서 예수님과 함께 하셨기 때문입니다(요한복음 3:2). 본문에서 '착한 일을 행한다'는 것은 헬라어로 '은혜를 베푼다'는 뜻입니다. 마찬가지로 우리도 하나님께서 함께 하시면 많은 사람들에게 은혜를 베풀고, 마귀에게 눌린 자들을 고쳐주는 삶을 살 수 있습니다(요한복음 14:12).

| 보충의 글 |

■ **둘째로, 위기 상황에서도 두려움이 없게 됩니다.**

두려워 말라 내가 너와 함께 함이라 놀라지 말라 나는 네 하나님이 됨이라 내가 너를 굳세게 하리라 참으로 너를 도와주리라 참으로 나의 의로운 오른손으로 너를 붙들리라
이사야 41:10, 참조 시편 23:4

💡 D3 생각

사람은 누구나 자신의 능력을 초월하는 상황을 만나면 두려움을 느낍니다. 그런데 하나님께서 함께 하신다는 확신을 가지면 어떤 상황에서도 두려움을 느끼지 않게 됩니다(사도행전 18:9-10). 혹 두려움이 있습니까? 그렇다면 그것은 상황이 절망적이기 때문이 아니라 임마누엘의 확신이 없기 때문이라는 것을 알아야 합니다.

| 보충의 글 |

■ 셋째로, 이 세상에 사는 동안 명예를 얻습니다.

여호와께서 여호수아와 함께 하시니 여호수아의 소문이 그 온 땅에 퍼지니라
여호수아 6:27

💡 D3 생각

하나님의 이름이 온 땅에 충만하므로 하나님께서 함께 하시면 무명한 자가 유명한 자가 됩니다. 성경의 인물들은 모두 하나님께서 함께 하시기 전에는 무명한 자였지만 하나님께서 함께 하심으로 유명한 자가 되었습니다. 하나님께서 함께 하시면 이 세상에서 명예를 얻을 수 있습니다.

| 보충의 글 |

■ 넷째로, 나이와 상관없이 정복자의 삶을 살게 됩니다.

그 날에 여호와께서 말씀하신 이 산지를 지금 내게 주소서 당신도 그 날에 들으셨거니와 그 곳에는 아낙 사람이 있고 그 성읍들은 크고 견고할지라도 여호와께서 나와 함께 하시면 내가 여호와께서 말씀하신 대로 그들을 쫓아내리이다 하니
여호수아 14:12

💡 D3 생각

갈렙이 85세의 고령에도 불구하고 헤브론을 정복하여 그 땅을 기업으로 삼을 수 있었던 것은 하나님께서 그와 함께 하심을 믿고 도전했기 때문입니다. 우리도 하나님께서 함께 하심을 믿고 주님의 말씀에

순종하면 나이와 상관없이 정복자가 될 수 있습니다. 임마누엘의 확신으로 살아가는 자에게 나이는 숫자에 불과합니다.

| 보충의 글 |

- **다섯째로, 형통한 인생을 살아가게 됩니다.**

  여호와께서 요셉과 함께 하시므로 그가 형통한 자가 되어 그 주인 애굽 사람의 집에 있으니 창세기 39:2, 참조 23

💡 D3 생각

성경은 요셉이 형들에게 팔려서 애굽에서 종살이를 하고, 보디발의 아내의 모함으로 감옥에서 옥살이를 하였지만 하나님께서 함께 하셨기에 형통했다고 말씀하고 있습니다. 이것을 통하여 무엇을 알 수 있습니까? 성경의 형통과 세상의 형통은 전혀 다르다는 것입니다. 세상에서는 아무런 어려움 없이 모든 일이 잘 되어가는 것을 형통이라고 하지만 성경에서는 하나님께서 함께 하시는 것을 형통이라고 합니다. 어려운 상황에 처해 있을지라도 하나님께서 함께 하시면 형통한 것이고, 범사가 잘 풀려도 하나님께서 함께 하시지 않으면 형통한 것이 아닙니다. 따라서 일이 잘되는지에 관심을 갖지 말고 하나님께서 자신과 함께 하시는지에 관심을 가져야 합니다.

| 보충의 글 |

Question 6

하나님께서는 그분의 자녀들과 함께 하시기를 원하십니다. 그런데 무조건적으로 함께 하시지는 않습니다. 우리가 어떤 태도를 취하느냐에 따라 함께 하기도 하시고 그렇지 않기도 하십니다(역대하 15:2). 어떻게 하면 하나님께서 우리와 함께 하실까요?

- **첫째로, 하나님께서 함께 하심을 확신해야 합니다.**

다만 여호와를 거역하지는 말라 또 그 땅 백성을 두려워하지 말라 그들은 우리의 먹이라 그들의 보호자는 그들에게서 떠났고 여호와는 우리와 함께 하시느니라 그들을 두려워하지 말라 하나
민수기 14:9

💡 D3 생각
하나님께서 이스라엘의 열두 명의 정탐꾼 중 두 사람과 함께 하신 것은 그들만이 하나님께서 그들과 함께 하신다는 확신을 갖고 있었기 때문입니다. 하나님께서는 모든 사람과 함께 하시지 않고 임마누엘의 확신을 가진 자들과 함께 하십니다. 따라서 하나님께서 함께 하시기를 원하면 임마누엘의 확신을 가져야 합니다.

| 보충의 글 |

- **둘째로, 하나님께서 주신 사명을 온전히 감당해야 합니다.**

그러므로 너희는 가서 모든 민족을 제자로 삼아 아버지와 아들과 성령의 이름으로 세례를 베풀고 내가 너희에게 분부한 모든 것을 가르쳐 지키게 하라 볼지어다 내가 세상 끝날까지 너희와 항상 함께 있으리라 하시니라
마태복음 28:19-20

💡 D3 생각
예수께서는 제자들에게 "제자 삼으라"고 명령하시면서 "내가 세상

끝 날까지 너희와 항상 함께 있으리라"고 약속하셨습니다. 즉 하나님께서 함께 하신다는 말씀은 주님의 사명을 온전히 감당하는 자에게 약속하신 것입니다(참조. 창세기 28:15). 따라서 하나님께서 함께 하시는 삶을 살기 원한다면 마지막으로 우리에게 당부하신 일, 즉 '가서 제자 삼으라'는 명령에 온전히 순종해야 합니다.

| 보충의 글 |

- **셋째로, 하나님의 말씀대로 살아야 합니다.**

너희는 내게 배우고 받고 듣고 본 바를 행하라 그리하면 평강의 하나님이 너희와 함께 계시리라
빌립보서 4:9, 참조 요한복음 14:23

💡 D3 생각

우리가 배운 말씀을 잊지 않고 그 말씀대로 삶에 실천할 때에 하나님께서 함께 하십니다. 즉 말씀의 순종과 임마누엘은 비례합니다. 하나님께서 함께 하시기를 원한다면 먼저 하나님의 말씀에 순종해야 합니다.

| 보충의 글 |

- **넷째로, 사람을 의지하지 말고 하나님을 간절히 찾아야 합니다.**

그가 내게 간구하리니 내가 그에게 응답하리라 그들이 환난 당할 때에 내가 그와 함께 하여 그를 건지고 영화롭게 하리라
시편 91:15

💡 D3 생각

하나님께서는 자신을 간절히 찾는 자와 함께 하십니다. 따라서 어려움을 만나면 인간적인 방법으로 해결하려고 하지 말고 하나님께 간절히 기도드려 하나님께서 함께 하심으로 해결받아야 합니다. 각종 문제는 하나님께서 우리와 함께 하심을 체험하게 하는 축복의 통로임을 잊지 말아야 합니다.

| 보충의 글 |

- **다섯째로, 하나님께서 기뻐하시는 일을 해야 합니다.**

나를 보내신 이가 나와 함께 하시도다 나는 항상 그가 기뻐하시는 일을 행하므로 나를 혼자 두지 아니하셨느니라   요한복음 8:29

D3 생각
하나님께서 예수님과 함께 하신 것은 예수께서 항상 하나님께서 기뻐하시는 일을 행하셨기 때문입니다. 바울이 "주를 기쁘시게 할 것이 무엇인가 시험하여 보라"(에베소서 5:10)라고 권면한 것처럼, 하나님께서 기뻐하시는 것만 찾아서 행하므로 하나님께서 함께 하시는 삶을 살아가야 합니다.

| 보충의 글 |

Question 7
그리스도인은 임마누엘의 확신으로 살아가야 할 뿐 아니라, 주위 사람들에게 하나님께서 자신과 함께 하심을 보여주어야 합니다. 이삭은 아비멜렉과 그의 친구에게(창세기 26:28), 요셉은 그의 주인 보디발에게(창세기 39:3), 사무엘은 이스라엘 백성들에게(사무엘상 3:19-20), 다윗은 사울 왕에게(사무엘상 18:28) 하나님께서 각각 그들과 함께 하심을 보여주었습니다. 어떻게 하면 우리도 그렇게 할 수 있을까요?

새 계명을 너희에게 주노니 서로 사랑하라 내가 너희를 사랑한 것 같이 너희도 서로 사랑하라 너희가 서로 사랑하면 이로써 모든 사람이 너희가 내 제자인 줄 알리라
요한복음 13:34-35

D3 생각

다른 사람들이 하나님께서 이삭, 요셉, 사무엘, 다윗 등과 함께 하시는 것을 알 수 있었던 것은 그들이 자신들과는 전혀 다른 삶을 살았기 때문입니다. 따라서 우리는 세상 사람들처럼 세상의 일시적인 성공을 통하여 하나님께서 자신과 함께 하심을 보여주려고 하지 말고 이 세상 사람들과 전혀 다른 삶, 즉 물질보다 영혼을 사랑하며, 원수를 사랑하고, 어려운 상황에서도 믿음으로 살아감으로 하나님께서 우리와 함께 하심을 보여주려고 해야 합니다.

| 보충의 글 |

Question 8

하나님께서 자신과 함께 하심을 믿어야 하나님과 동행하는 삶을 살아갈 수 있습니다. 에녹이 삼백 년 동안 하나님과 동행할 수 있었던 것은 그가 하나님께서 날마다 자신과 함께 하심을 확신했기 때문입니다. 어떻게 하면 우리도 에녹처럼 임마누엘의 확신을 갖고 하나님과 동행할 수 있을까요?

에녹은 육십오 세에 므두셀라를 낳았고 므두셀라를 낳은 후 삼백 년을 하나님

과 동행하며 자녀들을 낳았으며 그는 삼백육십오 세를 살았더라 에녹이 하나
님과 동행하더니 하나님이 그를 데려가시므로 세상에 있지 아니하였더라

창세기 5:21-24

 **D3 생각**

날마다 마지막 심판의 날이라고 생각하고 살아가면 됩니다. 에녹은 삼백육십오 세를 살았지만 육십오 세에 므두셀라를 낳은 후부터 삼백년 동안만 하나님과 동행했습니다. 왜 그랬을까요? 그것은 므두셀라가 '그가 죽은 뒤에는 심판이 온다'는 뜻을 갖고 있기 때문입니다. 즉 에녹은 날마다 므두셀라를 보면서 마지막 심판의 날이라고 생각하며 살았기 때문에 하나님과 동행할 수 있었던 것입니다. 우리도 날마다 마지막 심판의 날이라고 생각하고 살아간다면 에녹처럼 살아갈 수 있습니다.

| 보충의 글 |

두 발자국

 어느 날 밤 꿈을 꾸었네. 주와 함께 바닷가 거니는 꿈을 꾸었네. 하늘을 가로질러 빛이 임한 그 바닷가 모래 위에 두 짝의 발자국을 보았네. 한 짝은 내 것, 또 한 짝은 주님의 것. 거기서 내 인생의 장면들을 보았네. 마지막 내 발자국이 멈춘 곳에서… 내 삶의 길을 돌이켜 보았을 때 자주 내 삶의 길에 오직 한 짝의 발자국만 보았네. 그때는 내 인생이 가장 비참하고 슬픈 계절이었네. 나는 의아해서 주님께 물었네.
 "주님, 제가 당신을 따르기로 했을 때, 당신은 저와 항상 함께 하겠다고 약속하셨지요. 그러나 보십시오. 제가 주님을 가장 필요로 했을 때, 거기에는 한 짝의 발자국밖에는 없었습니다. 주님은 저를 떠나 계셨지요?"
 주님께서 대답하시었네.
 "나의 귀하고 소중한 아이여, 나는 너를 사랑하였고 나는 결코 너를 떠나지 않았단다. 네 시련의 때 고통의 때에도… 네가 본 오직 한 발자국 그것은 내 발자국이니라. 그때 내가 너를 등에 업고 걸었노라."
 시인은 자신의 인생에서 가장 고통스러운 때에 주님께서 자신을 떠나 있었다고 생각했지만 사실은 정반대였습니다. 오히려 시련의 때에 하나님께서 더욱더 그와 함께 하셨습니다. 시련이 클수록 하나님께서 우리와 함께 하심을 확신해야 합니다.

제7확신
주 사랑의 확신

하나님께서는 사랑이십니다. 하나님께서 우리를 얼마나 사랑하시는지 친히 육신으로 오셔서 죄인들을 대신하여 십자가에 못 박혀 죽으셨습니다. 누가 죄인들을 대신하여 십자가에 못 박혀 죽겠습니까? 그런데 하나님의 사랑은 여기서 멈추지 않고 계속해서 우리의 삶 속에서 넘쳐나고 있습니다. 이 세상에 하나님의 사랑을 막을 자는 아무도 없습니다. 우리가 주 사랑의 확신을 가지면 세상의 모든 어려움을 극복하고 주님을 끝까지 따라갈 수 있습니다.

제7확신
주 사랑의 확신

Question 1

성경이 "하나님은 사랑이심이라"(요한일서 4:8)라고 말씀하고 있듯이, 하나님께서는 사랑 그 자체입니다. 그래서 우리가 하나님을 생각할 때에 가장 먼저 떠오르는 단어는 사랑입니다. 사랑을 떠나서는 결코 하나님을 생각할 수 없습니다. 그런데 하나님께서 우리를 사랑하신다는 것을 무엇으로 알 수 있을까요?

하나님의 사랑이 우리에게 이렇게 나타난 바 되었으니 하나님이 자기의 독생자를 세상에 보내심은 그로 말미암아 우리를 살리려 하심이라 사랑은 여기 있으니 우리가 하나님을 사랑한 것이 아니요 하나님이 우리를 사랑하사 우리 죄를 속하기 위하여 화목 제물로 그 아들을 보내셨음이라   요한일서 4:9-10

💡 D3 생각

하나님께서 우리의 죄를 속하기 위해 하나밖에 없는 그의 아들을 십자가에 내어주신 것을 통하여 알 수 있습니다. 누가 죄인들을 위하여 자기의 아들을 십자가에 대신 못 박혀 죽게 하겠습니까? 하나님께서 그의 아들을 우리의 죄를 대신하여 십자가에 내어주신 것은 우리를 얼마나 사랑하시는지를 증명하신 것입니다.

| 보충의 글 |

Question 2

최고의 사랑은 사랑하는 자를 위해 자기 목숨을 내어버리는 것입니다. 따라서 하나님께서 우리를 정말 사랑하신다면 친히 우리를 위하여 자신의 목숨을 내어주셨어야 합니다. 그런데 성경은 하나님께서 우리를 사랑하시는 증거로 우리의 죄를 대신하여 그의 아들을 십자가

> 에 내어주셨다고 말씀하고 있습니다(요한복음 3:16). 이것을 어떤 의미로 받아들여야 할까요?

우리가 아직 죄인 되었을 때에 그리스도께서 우리를 위하여 죽으심으로 하나님께서 우리에 대한 자기의 사랑을 확증하셨느니라
로마서 5:8

💡 D3 생각

하나님께서 우리를 사랑하신다는 증거로 그의 아들을 십자가에 못 박혀 죽게 하셨다는 것은 영으로 존재하시는 하나님께서 친히 인간의 몸으로 오셔서 우리의 죄를 대신하여 죽으셨다는 것을 다르게 표현한 것입니다. 즉 예수께서 십자가에 못 박혀 죽으신 것은 하나님께서 친히 우리의 죄를 대신하여 죽으신 것입니다. 어떻게 창조주 하나님께서 친히 인간이 되셔서 죄인을 대신하여 십자가에 못 박혀 죽으실 수 있단 말입니까? 그것은 하나님께서 우리를 얼마나 사랑하시는지를 보여 주신 것이라는 것 외에는 다르게 설명할 길이 없습니다. 이보다 우리를 감동시키는 사랑 이야기는 없습니다.

| 보충의 글 |

Question 3

> 예수께서 십자가에 못 박혀 죽으신 것은 한마디로 하나님께서 우리를 얼마나 사랑하시는지를 온 천하에 드러내신 것입니다. 그런데 이런 사실을 깨닫고 하나님의 사랑을 받아들이는 사람은 그리 많지 않습니다. 심지어 혹자는 십자가를 통한 하나님의 사랑을 조롱하기도 하고, 혹자는 이를 전하는 자를 핍박하기도 합니다. 왜 이런 현상이 일어나는 것일까요?

유대인은 표적을 구하고 헬라인은 지혜를 찾으나 우리는 십자가에 못 박힌 그리스도를 전하니 유대인에게는 거리끼는 것이요 이방인에게는 미련한 것이로되 오직 부르심을 받은 자들에게는 유대인이나 헬라인이나 그리스도는 하나님의 능력이요 하나님의 지혜니라 고린도전서 1:22-24, 참조 고린도전서 1:18

💡 D3 생각

예수께서 십자가에 못 박혀 죽으셨다는 사실은 알지만 그 의미를 모르기 때문입니다. 즉 예수께서 십자가에 못 박혀 죽으신 것이 자신의 죄 때문인지를 모르기 때문입니다. 그런데 누구든지 예수께서 십자가에 못 박혀 죽으신 것이 자신의 죄 때문인 것을 믿지 않으면 구원을 받을 수 없기에, 우리는 이를 깨닫고 믿도록 복음을 전해야 합니다.

| 보충의 글 |

Question 4

우리는 이미 하나님의 사랑으로 구원받아 하나님의 자녀가 되었습니다. 그러나 하나님의 사랑은 우리를 자녀로 삼으신 것에서 끝이 아니라 자녀가 된 후에도 지속적으로 넘쳐나고 있습니다. 어떻게 이런 사실을 알 수 있을까요?

그런즉 이 일에 대하여 우리가 무슨 말 하리요 만일 하나님이 우리를 위하시면 누가 우리를 대적하리요 자기 아들을 아끼지 아니하시고 우리 모든 사람을 위하여 내주신 이가 어찌 그 아들과 함께 모든 것을 우리에게 주시지 아니하겠느냐 로마서 8:31-32

💡 D3 생각

육신의 부모와 자녀의 관계를 통해서 하나님의 지속적인 사랑을 알 수 있습니다. 자식을 낳고서 방치하는 부모는 없습니다. 자신을 희생하여 양육하고, 성장해서 자립할 때까지 도와줍니다. 하물며 하나님 아버지께서 우리를 자녀로 삼으시고 혼자 살아가도록 버려두실까요? 결코 그렇지 않습니다. 아들을 내어주셨기에 계속해서 모든 것을 은혜로 부어주십니다. 따라서 아무리 어려운 상황에 처해 있을지라도 하나님의 지속적인 사랑을 의심해서는 안 됩니다.

| 보충의 글 |

Question 5

예수께서는 제자들이 배신할 것을 알고 계셨지만 끝까지 사랑하셨고, 부활하신 후 가장 먼저 자신을 배신한 제자들을 찾아가셨습니다. 사람들은 자신을 배신하고 상처를 준 자들을 평생 원수로 여기지만, 주님께서는 한번 택한 자녀들을 끝까지 사랑하십니다. 혹 실수하고 넘어질지라도 용서하십니다. 구름이 태양을 가릴 수 없듯이 어느 누구도 하나님의 사랑을 막을 수 없습니다. 이렇게 변함없는 주님의 사랑을 확신할 수 있는 이유는 무엇일까요?

곧 창세 전에 그리스도 안에서 우리를 택하사 우리로 사랑 안에서 그 앞에 거룩하고 흠이 없게 하시려고 그 기쁘신 뜻대로 우리를 예정하사 예수 그리스도로 말미암아 자기의 아들들이 되게 하셨으니 이는 그가 사랑하시는 자 안에서 우리에게 거저 주시는 바 그의 은혜의 영광을 찬송하게 하려는 것이라

에베소서 1:4-6, 참조 요한복음 17:24

D3 생각

첫째로, 하나님의 성품 자체가 영원불변하시기 때문입니다(이사야 40:28). 하나님은 사람처럼 수시로 변하시지 않습니다. 한번 작정하신

것을 영원히 행하십니다. 우리를 사랑하시기로 작정하셨기에 그 사랑은 영원히 변치 않습니다.

둘째로, 하나님의 사랑이 영원 전부터 시작되었기 때문입니다. 하나님께서 창세 전에 우리를 선택하셨다는 것은 그분의 사랑이 영원 전부터 시작되었다는 뜻입니다. 하나님께서 영원 전부터 우리를 사랑하시기로 작정하시고 자녀로 삼아주셨기에 하나님의 사랑은 영원할 수밖에 없습니다. 뿌리 깊은 나무는 거센 폭풍 앞에서도 흔들리지 않듯이, 영원 전부터 시작된 하나님의 사랑은 결코 흔들리지 않습니다.

| 보충의 글 |

Question 6

사도 바울은 다메섹 도상에서 예수님을 만난 후 수차례에 걸쳐 전 세계를 다니면서 복음을 전했습니다. 그런데 그의 전도여행은 평탄하지만은 않았습니다. 항상 환난과 핍박과 배고픔과 매 맞음과 각종 위험이 그를 따랐습니다. 그럼에도 그가 모든 역경을 이기고 온 천하에 다니며 만민에게 복음을 증거할 수 있었던 이유는 무엇일까요?

누가 우리를 그리스도의 사랑에서 끊으리요 환난이나 곤고나 박해나 기근이나 적신이나 위험이나 칼이랴 기록된 바 우리가 종일 주를 위하여 죽임을 당하게 되며 도살 당할 양 같이 여김을 받았나이다 함과 같으니라 그러나 이 모든 일에 우리를 사랑하시는 이로 말미암아 우리가 넉넉히 이기느니라 로마서 8:35-37

D3 생각

하나님께서 자신을 얼마나 사랑하시는지를 깨달았기 때문입니다. 예수님을 모른다고 부인하고 떠났던 제자들이 다시 주님께 돌아와 복음을 전하다가 순교한 것도 예수께서 얼마나 자신들을 사랑하시는지를 깨달았기 때문입니다. 하나님의 사랑을 깨달으면 어떤 상황에 처할지라도 각자에게 맡겨주신 사명을 잘 감당하고 끝까지 주님을 좇아갈 수 있습니다.

| 보충의 글 |

Question 7

마리아 앤더슨은 1955년 쉰 살이 넘은 나이에 흑인 최초로 뉴욕 메트로폴리탄 오페라하우스에서 관중을 열광시키며 감동적인 노래를 불렀습니다. 공연 후 한 기자가 물었습니다. "흑인에 대한 편견과 차별 속에서 희망을 잃지 않고 세계 정상에 우뚝 설 수 있었던 비결이 무엇입니까?" 그녀는 하늘을 응시하더니 이렇게 대답했습니다. "견디기 어려운 일에 부닥칠 때마다 언제나 제 시선은 고난과 부활의 예수님께로 향했지요. 그때마다 주님은 '내가 너를 사랑하노라'라고 말씀하셨어요." 당신에게도 "내가 너를 사랑하노라"라는 주님의 음성이 들립니까?

예수께서 세례를 받으시고 곧 물에서 올라오실새 하늘이 열리고 하나님의 성령이 비둘기같이 내려 자기 위에 임하심을 보시더니 하늘로부터 소리가 있어 말씀하시되 이는 내 사랑하는 아들이요 내 기뻐하는 자라 하시니라   마태복음 3:16-17

💡 D3 생각

누구든지 주님께서 자신을 사랑하신다는 음성을 들으면 모든 시험을 이길 수 있습니다. 따라서 힘들고 어려울수록 사람들에게 위로의 말을 들으려 하지 말고, "아침 안개 눈앞 가리듯 앞이 보이지 않고 소망이 사라질 때 아무 것도 염려하지 마라 내가 너를 사랑하노라"라고 말씀하시는 주님의 음성을 들으려 해야 합니다. 예수께서 십자가에 못 박혀 죽으시기까지 순종하실 수 있었던 것은 공생애를 시작하시기 전, "이는 내 사랑하는 아들이요 내 기뻐하는 자라"라는 하나님의 음성을 들으셨기 때문입니다.

| 보충의 글 |

Question 8

주님께서 우리를 사랑하신다는 것은 조금도 의심의 여지가 없습니다. 따라서 우리는 바울처럼 "내가 확신하노니 사망이나 생명이나 천사들이나 권세자들이나 현재 일이나 장래 일이나 능력이나 높음이나 깊음이나 다른 어떤 피조물이라도 우리를 우리 주 그리스도 예수 안에 있는 하나님의 사랑에서 끊을 수 없으리라"(로마서 8:38-39)라고 고백해야 합니다. 그런데 주님께서 우리를 사랑하신다는 확신만 가져서는 안 됩니다. 주님께서 우리를 사랑하신 것 같이 우리도 주님을 사랑해야 합니다. 주님을 사랑하는 최고의 방법은 무엇일까요?

새 계명을 너희에게 주노니 서로 사랑하라 내가 너희를 사랑한 것 같이 너희도 서로 사랑하라 너희가 서로 사랑하면 이로써 모든 사람이 너희가 내 제자인 줄 알리라
요한복음 13:34-35

D3 생각

예수께서 "나의 계명을 지키는 자라야 나를 사랑하는 자"(요한복음 14:21)라고 말씀하셨듯이, 주님을 사랑하는 자는 주님의 계명을 지켜야 합니다. 주님의 계명은 한마디로 하나님을 사랑하고 이웃을 사랑하라는 것입니다. 어떻게 하면 이 계명을 지킬 수 있을까요? 주님의 마지막 명령, 즉 '가서 제자 삼으라'는 명령에 순종하면 됩니다. 왜냐하면 마지막

명령에 순종하는 것은 하나님을 사랑하는 것이고, 잃어버린 영혼을 구원해서 제자 삼는 것은 이웃 사랑을 실천하는 것이기 때문입니다. 따라서 주 사랑의 확신을 가진 자는 반드시 '가서 제자 삼으라'는 명령에 순종해야 합니다.

| 보충의 글 |

하나님의 짝사랑

"내가 너를 사랑하노라. 내가 진실로 너를 사랑하기에 너에게 무거운 짐을 가볍게 하여, 그 짐을 나의 어깨에 짊어지고 너를 내 눈동자처럼 보았으며 내가 너의 길에 동행하여 항상 살피었노라.

내가 너를 인하여 애통하기를 허리가 녹기까지 하였으며 내가 너를 인하여 흘린 눈물이 바다의 모든 물보다 많으니… 내가 너로 미칠 듯하여 견딜 수가 없어서 내가 죄 많은 너의 죄를 내 육체에 묻혀서 내가 나의 몸을 때렸노라.

나는 모든 피조물의 하나님이나 너를 인하여 사람이 되었노라. 너를 징벌하기가 싫어서 나의 몸에 상처를 내고 나의 손과 발에 못 박았으며 내 옆구리를 찔렀노라. 나의 영원한 생명을 너에게 주기를 원하여 나의 삶은 버리고 죽었노라. 내가 너를 사랑하므로 내 마음이 깊은 곳에서 동하며 내 심령이 타는 불길이 되어 영원히 꺼지지 아니하리라. 내가 너에게 내 자신까지 주었는데 무엇을 주지 않겠느냐.

그러나 너는 나의 사랑을 얼마나 알고 있으며 과연 나의 은혜를 기억하고 감사하는가. 너는 나를 사랑하는가. 내가 너를 사랑하듯이 너는 나를 사랑하지 않지만 나는 너를 사랑하노라."

이 시는 시인 송명희의 작품입니다. 그녀는 지체 부자유자임에도 주님께서 자신을 얼마나 사랑하시는지를 고백하고 있습니다. 특별히 "내가 너를 사랑하듯이 너는 나를 사랑하지 않지만 나는 너를 사랑하노라"라는 글귀가 마음에 와 닿습니다. 주님의 사랑은 본질상 진노의 자녀인 우리를 위하여 자신을 내어주신 '그 크신 사랑'입니다(에베소서 2:4). '주님의 그 크신 사랑'을 잊지 말고 아직도 하나님의 놀라운 사랑을 깨닫지 못해서 지옥을 향해 급히 달려가는 자들에게 복음을 전하여 구원받게 해야 합니다.

제8확신

상 주심의 확신

하나님께서는 그분의 자녀들이 장차 영원히 거할 천국과 그 곳에서 누릴 상을 준비하셨습니다. 따라서 단지 천국에 들어가는 것으로 만족하지 말고 장차 천국에서 영원히 누릴 상을 바라보아야 합니다. 상 주심의 확신을 가지고 주님의 재림을 준비하는 자는 장차 천국에서 왕 노릇할 수 있습니다. 인생의 성공은 천국에서 최종적으로 결정됩니다. 그 곳에서 영원히 왕 노릇하는 자가 최고의 성공자입니다.

제8확신
상 주심의 확신

Question 1

사람은 누구나 한 번은 죽어야 하고 죽은 후에는 반드시 심판을 받습니다(히브리서 9:27, 참조 로마서 2:16). 비신자는 지옥의 형벌을 받기 위해 심판을 받고(요한계시록 21:8, 참조 데살로니가후서 2:12), 신자는 천국의 상을 받기 위해 심판을 받습니다(고린도후서 5:10). 심판의 결과에 따라 상이 결정됩니다. 장차 각 사람이 받을 상이 있음을 아십니까?

> 이는 우리가 다 반드시 그리스도의 심판대 앞에 나타나게 되어 각각 선악간에 그 몸으로 행한 것을 따라 받으려 함이라
> 고린도후서 5:10

💡 D3 생각

혹자는 천국에 가는 것만으로 감사해야지, 상까지 받을 생각을 해서는 안 된다고 말합니다. 그런데 성경은 마지막 날에 하나님께서 각 사람에게 준비하신 상이 있다고 말씀하고 있습니다. "그러므로 때가 이르기 전 곧 주께서 오시기까지 아무 것도 판단하지 말라 그가 어둠에 감추인 것들을 드러내고 마음의 뜻을 나타내시리니 그 때에 각 사람에게 하나님으로부터 칭찬이 있으리라"(고린도전서 4:5). 따라서 하나님의 자녀는 죽은 후 천국에 들어가는 것으로 만족하지 말고, 하나님께서 베푸시는 상을 바라보아야 합니다.

| 보충의 글 |

Question 2

이 세상에 시상제도가 있듯이 천국에도 시상제도가 있습니다. 그런데 상 받는 조건은 각각 다릅니다. 세상에서는 다른 사람과의 경쟁에서

이긴 자만이 받을 수 있지만, 천국에서는 승패에 관계없이 누구나 상을 받습니다. 각자가 상을 받는 기준은 무엇일까요?

그 주인이 이르되 잘하였도다 착하고 충성된 종아 네가 적은 일에 충성하였으매 내가 많은 것을 네게 맡기리니 네 주인의 즐거움에 참여할지어다 하고

마태복음 25:21,23

D3 생각

하나님께 충성한 대로 받습니다. 달란트 비유(마태복음 25장)에서 주인으로부터 다섯 달란트를 받아 다섯 달란트를 남긴 종과 두 달란트를 받아 두 달란트를 남긴 종이 결산하는 날 똑같이 칭찬을 받았습니다. 이것은 천국의 상은 열매의 많고 적음에 의해서가 아니라, 하나님께서 맡겨주신 일에 얼마나 충성했느냐에 의해 결정된다는 것을 가르쳐주는 것입니다. 따라서 겉으로 드러난 열매로 천국의 상을 예단하지 말고, 오직 하나님께서 맡겨주신 일에 죽도록 충성함으로 천국에서 큰 상을 받아야 합니다.

| 보충의 글 |

Question 3

욕구 5단계 이론으로 유명한 심리학자 아브라함 매슬로우(Abraham Maslow)가 인간은 누구나 칭찬을 받고 싶어 하는 욕구가 있다고 주장하듯이, 사람은 누구나 상을 받고 싶어 하는 마음을 가지고 있습니다. 모든 사람들이 성공을 꿈꾸는 것도 그것을 통하여 사람들에게 칭찬받고자 하는 마음이 있기 때문입니다. 그런데 우리는 이 세상에서보다 천국에서 더 큰 상을 받기 위해 노력해야 합니다. 왜 그럴까요?

이 세상도, 그 정욕도 지나가되 오직 하나님의 뜻을 행하는 자는 영원히 거하느니라
요한일서 2:17

💡 D3 생각

이 세상에서는 아무리 큰 성공을 이루어도 그것은 잠시뿐이기 때문입니다. 시간이 지나가면 그 성공을 기억해 주는 사람도 없고, 앞지르는 자가 나와서 그 성공을 지킬 수도 없습니다. 그러나 천국의 상은 한번 결정되면 영원히 우열의 순위가 뒤바뀌지 않습니다(마태복음 11:11). 따라서 이 세상에서 일시적인 성공을 이루려 하지 말고, 천국에서 영원한 성공을 이루기 위해 노력해야 합니다.

| 보충의 글 |

Question 4

천국에서 큰 상을 받기 위해서는 반드시 주님께 죽도록 충성해야 합니다. 그런데 그렇게 한다는 것은 결코 쉬운 일이 아닙니다. 왜냐하면 그렇게 하려면 먼저 자신과의 싸움에서 승리해야 하기 때문입니다. 어떻게 하면 자신과의 싸움에서 이길 수 있을까요?

- **첫째로, 욕심을 물리쳐야 합니다.**

오직 각 사람이 시험을 받는 것은 자기 욕심에 끌려 미혹됨이니 욕심이 잉태한즉 죄를 낳고 죄가 장성한즉 사망을 낳느니라 내 사랑하는 형제들아 속지 말라 온갖 좋은 은사와 온전한 선물이 다 위로부터 빛들의 아버지께로부터 내려오나니 그는 변함도 없으시고 회전하는 그림자도 없으시니라
야고보서 1:14-17

💡 D3 생각

욕심은 죄를 낳고 죄는 사망을 낳습니다. 아담과 하와가 하나님께서

금하신 선악과를 먹고 죽음에 이르게 된 것도 욕심 때문입니다. 열심히 주님의 일을 할지라도 욕심을 물리치지 않으면 주님께 죽도록 충성할 수 없습니다. 그리스도인은 이미 정과 욕심을 십자가에 못 박은 자들이므로 각종 욕심을 물리쳐야 합니다.

| 보충의 글 |

■ **둘째로, 모든 일에 절제해야 합니다.**

운동장에서 달음질하는 자들이 다 달릴지라도 오직 상을 받는 사람은 한 사람인 줄을 너희가 알지 못하느냐 너희도 상을 받도록 이와 같이 달음질하라 이기기를 다투는 자마다 모든 일에 절제하나니 그들은 썩을 승리자의 관을 얻고자 하되 우리는 썩지 아니할 것을 얻고자 하노라 그러므로 나는 달음질하기를 향방 없는 것 같이 아니하고 싸우기를 허공을 치는 것 같이 아니하며 내가 내 몸을 쳐 복종하게 함은 내가 남에게 전파한 후에 자신이 도리어 버림을 당할까 두려워함이로다
고린도전서 9:24-27

💡 D3 생각

그리스도인에게는 모든 것을 할 수 있는 자유가 있지만 그것을 자기 마음대로 사용하지 말고 절제해야 합니다. 왜냐하면 그리스도인은 자기의 뜻이 아니라 주님의 뜻대로 살아야 하기 때문입니다. 운동선수들이 메달을 획득하기 위해 다년간 자유를 반납하고 혹독히 훈련하듯이, 천국에서 큰 상을 받기 위해서는 모든 일에 절제해야 합니다. 이처럼 모든 일에 절제하지 않는 사람은 자신과의 싸움에서 이길 수 없기에 장차 천국에서 큰 상을 받을 수 없습니다. 그런데 우리의 힘과 능력으로는 '모든 일'에 절제할 수 없기 때문에 이를 위해 성령의 도우심을 간구해야 합니다.

| 보충의 글 |

- **셋째로, 권리를 포기해야 합니다.**

그런즉 내 상이 무엇이냐 내가 복음을 전할 때에 값없이 전하고 복음으로 말미암아 내게 있는 권리를 다 쓰지 아니하는 이것이로다 고린도전서 9:18

💡 D3 생각

세상 사람들은 자기의 권리를 찾기 위해 투쟁하지만 그리스도인들은 권리를 포기하기 위해 힘써야 합니다. 왜냐하면 세상에서 권리를 포기한 만큼 천국에서 상을 받을 수 있기 때문입니다. 바울은 사도로서 복음을 전할 때에 마땅히 보수를 받을 권리가 있었지만 천국에서 더 큰 상을 받기 위해 그것을 포기했습니다. 천국의 상은 자신의 권리를 포기하는 것에 비례합니다(빌립보서 2:5-11).

| 보충의 글 |

Question 5

자살폭탄테러가 급증하고 있는 가운데 최근에는 일이십 대의 젊은이들도 자폭테러를 자행하고 있어 국제사회에 큰 두려움이 되고 있습니다. 앞이 창창한 청소년들이 하나밖에 없는 목숨을 초개와 같이 버리는 이유는 무엇일까요? 여러 가지가 있지만 가장 큰 것은 목숨을 버리면 금세와 내세에 큰 상을 받는다고 확신하기 때문입니다. 그런데 왜 우리는 주님께 죽도록 충성하면 금세와 내세에 상 받을 것을 알고 있지만 그렇게 하지 못할까요?

예수께서 이르시되 내가 진실로 너희에게 이르노니 나와 복음을 위하여 집이나 형제나 자매나 어머니나 아버지나 자식이나 전토를 버린 자는 현세에 있어 집과 형제와 자매와 어머니와 자식과 전토를 백 배나 받되 박해를 겸하여 받고 내세에 영생을 받지 못할 자가 없으니라

마가복음 10:29-30

D3 생각

첫째로, 주님을 진짜 사랑하지 않기 때문입니다. 주님은 우리를 사랑하셨기에 그분의 목숨까지 내어주셨습니다. 우리가 진짜 주님을 사랑한다면 주님을 위해 목숨 바치는 것을 아까워하지 말아야 합니다.

둘째로, 천국에서 받을 상에 관심이 없기 때문입니다. 사람은 가장 중요하다고 생각하는 것에 자기의 생명을 바칩니다. 사람들이 주님께 죽도록 충성하지 않는 것은 천국의 상을 가장 중요하게 생각하지 않기 때문입니다.

셋째로, 장차 천국에서 왕 노릇한다는 의미를 모르기 때문입니다. 천국에서 왕 노릇하는 기간은 영원하고, 통치하는 영역은 무변광대합니다. 한 나라의 대통령이 되기 위해서도 모든 것을 바쳐 준비하는데, 천국에서 영원히 왕 노릇할 것을 확신한다면 어찌 주님께 모든 것을 바쳐 충성하지 않겠습니까?

| 보충의 글 |

Question 6

사람은 일반적으로 인생의 목표를 세우고 그것을 성취하기 위해 최선을 다합니다. 그런데 하나님의 자녀는 천국에서 큰 상을 받을 것을 인생의 가장 큰 목표로 삼고 그것을 이루기 위해 달려가야 합니다. 어떻게 하면 장차 천국에서 큰 상을 얻을 수 있을까요?

형제들아 나는 아직 내가 잡은 줄로 여기지 아니하고 오직 한 일 즉 뒤에 있는 것은 잊어버리고 앞에 있는 것을 잡으려고 푯대를 향하여 그리스도 예수 안에서 하나님이 위에서 부르신 부름의 상을 위하여 달려가노라 빌립보서 3:13-14

💡 D3 생각

첫째로, 현재의 성공에 안주하지 않아야 합니다. '나는 아직 잡은 줄로 여기지 않았다'는 말은 자신이 지금까지 이룬 성공에 만족하지 않았다는 뜻입니다. 현재의 성공에 만족하는 사람은 더 큰 성공을 위해 노력하지 않기 때문에 천국에서 큰 상을 받을 수 없습니다.

둘째로, 과거에 매이지 말아야 합니다. '오직 한 일 즉 뒤에 있는 것은 잊어버렸다'는 말은 과거의 찬란한 성공이나 참담한 실패에 붙잡히지 않았다는 뜻입니다. 과거에 매인 사람은 앞을 향하여 힘차게 전진할 수 없기에 천국에서 큰 상을 받을 수 없습니다.

셋째로, 천국의 상을 가장 큰 목표로 삼고 그것을 향하여 달려가야 합니다. '달려갔다'는 말은 한 눈을 팔지 않고 오직 한 가지 목표에 집중해서 최선을 다했다는 뜻입니다. 천국의 상을 가장 큰 목표로 삼고 최선을 다하지 않으면 장차 천국에서 큰 상을 받을 수 없습니다. 장차 천국의 상을 받기 위해 어떤 결단을 내리시겠습니까?

| 보충의 글 |

Question 7

상 주심의 확신을 가진 자는 예수께서 곧 다시 오신다는 확신, 즉 재림신앙을 가져야 합니다. 왜냐하면 주님께서 이 세상에 다시 오셔서 신자들은 천국으로 인도하시고 비신자들은 심판하시기 때문입니다. 당신은 상 주심을 확신할 뿐 아니라 재림신앙을 갖고 있습니까?

보라 내가 속히 오리니 내가 줄 상이 내게 있어 각 사람에게 그가 행한 대로 갚아 주리라
요한계시록 22:12

💡 D3 생각

주님께서 속히 오신다고 말씀하셨지만 재림신앙을 갖고 살아가는 그리스도인은 찾아보기 힘듭니다. 왜 그럴까요? 하나님께서 마지막에 상 주실 것을 온전히 확신하지 않기 때문입니다. 모든 그리스도인은 상 주심의 확신을 가져야 할 뿐 아니라, 주님께서 곧 다시 오실 것을 믿는 재림신앙을 가져야 합니다. 왜냐하면 예수께서 속히 오셔서 각자 행한 대로 갚아주신다고 약속하셨기 때문입니다. 재림신앙을 갖는 것은 상 주심의 확신과 비례합니다.

| 보충의 글 |

Question 8

예수께서는 모든 것을 버리고 좇은 제자들에게 장차 예수님과 함께 열두 보좌에 앉아 이스라엘 열두 지파를 심판하게 될 것을 약속하셨습니다(마태복음 19:27-28). 이는 그리스도를 위하여 죽도록 충성하면 장차 천국에서 영원히 왕 노릇하게 될 것을 약속하신 것입니다. 장차 천국에서 영원히 왕 노릇하는 것보다 더 큰 영광은 없습니다. 그렇다면 무엇을 인생의 가장 큰 목표로 삼아야 할까요?

나는 선한 싸움을 싸우고 나의 달려갈 길을 마치고 믿음을 지켰으니 이제 후로는 나를 위하여 의의 면류관이 예비되었으므로 주 곧 의로우신 재판장이 그 날에 내게 주실 것이며 내게만 아니라 주의 나타나심을 사모하는 모든 자에게도 니라
디모데후서 4:7,8

> 💡 **D3 생각**

　장차 천국에서 왕 노릇하는 것을 인생의 최고의 목표로 삼고 그것을 향해 달려가야 합니다. 사도 바울이 선한 싸움을 싸우고 주님께서 주신 사명의 길을 온전히 달려갈 수 있었던 것은 장차 천국에서 왕 노릇할 것을 가장 큰 인생의 목표로 삼았기 때문입니다. 당신이 추구하는 최고의 목표는 무엇입니까?

| 보충의 글 |

충성은 상급의 씨앗

아프리카에서 일하던 한 선교사가 여러 해 동안 수많은 열정을 쏟았음에도 선교의 열매를 거두지 못했습니다. 그가 고향으로 돌아오는 배에는 휴가를 얻어 아프리카에서 사냥을 하고 돌아오는 미국의 대통령이 타고 있었습니다.

배가 샌프란시스코 항에 도착했을 때 은은하게 울리는 군악대의 예포소리와 함께 대통령을 맞이하기 위하여 수많은 사람들이 부둣가에 나와 있었습니다. 배에서 대통령이 내려올 때 거기에는 붉은 주단이 깔렸고 많은 사람들이 대통령을 맞이했습니다.

대통령이 지나가자 붉은 주단은 걷히고 군악대의 나팔소리도 멎었습니다. 그 뒤를 선교사 홀로 고독하게 내려왔습니다. 사냥을 하고 오는 대통령은 저렇게 환영을 받는데, 큰 아들과 둘째 아들 그리고 부인마저 잃고 선교를 하다가 돌아오는 자신을 맞이하는 환영객은 아무도 없구나 하는 생각에, 고독감과 좌절감을 느끼면서 정신없이 거리를 걷고 있을 때였습니다.

그때 한 음성이 들려왔습니다.

"내 아들아! 네가 아직 고향에 돌아오지 않았다. 네가 고향에 돌아오는 날 군악대의 나팔 소리가 문제가 아니라 하늘의 천군 천사의 나팔 소리와 함께 내가 맞이해 주마. 붉은 주단이 문제가 아니라 황금으로 길을 깔고 내가 친히 너를 마중 나오마. 사랑하는 아들아, 끝까지 충성하라!"

충성은 상급의 씨앗입니다. 충성하는 자에게는 이 세상과 저 세상에서 열매가 주렁주렁 맺히게 됩니다. 혹 이 세상에서 상을 받지 못한다 할지라도 낙심하지 말아야 합니다. 충성하는 자에게는 마지막 날이 준비되어 있습니다. 그날에 주께서 생명의 면류관을 씌우실 것이며 영원히 천국에서 왕 노릇하게 하실 것입니다.

congratulation

파워8확신

D3전도중심제자훈련 양육확신과정 수료를 축하합니다

　D3전도중심제자훈련 양육확신과정을 마치시느라 수고가 많으셨습니다. 주님께서 성도님의 수고에 은혜를 베푸셔서 믿음이 쑥쑥 성장하게 되기를 주님의 이름으로 축복합니다. 학생이 상급학교에 진학하여 계속 공부를 하듯이 우리도 신앙의 성장을 위해서는 지속적으로 양육훈련을 받아야 합니다.

1. 다음 단계인 제자훈련과정에 등록해야 합니다.
　저희 교회에서는 '온가족튼튼양육' 과정과 '파워8확신' 과정을 마치신 분들을 위하여 제자훈련과정(스피드제자만들기)을 준비하였습니다. 꼭 참여하셔서 흔들리지 않는 신앙으로 성장하시기 바랍니다.

2. 교회의 모든 예배에 적극 참여해야 합니다.
　교회의 모든 예배는 하나님께서 성도님에게 은혜를 베푸시기 위해서 준비하신 것입니다. 그렇기 때문에 주일예배는 기본이고 그 밖의 예배에도 적극적으로 참여해야 합니다.

3. 소그룹 모임(구역, 셀, 목장)에 적극적으로 참여해야 합니다.
　주일 낮 예배로 만족하면 안 됩니다. 소그룹 모임에도 참여해야 합니다. 소그룹은 서로 한 가족임을 느끼게 해 주는 섬김과 나눔의 공동체입니다. 대그룹 모임에서 전혀 느끼고 맛볼 수 없는 주님의 사랑을 경험할 수 있습니다.

4. 당신은 자랑스러운 평신도 사역자입니다.
　"시작이 반이다"라는 말이 있습니다. 이미 양육확신과정을 마치셨기 때문에 다음 제자훈련과정도 충분히 하실 수 있습니다. 끝까지 훈련을 잘 받으셔서 주님의 제자가 되어 또 다른 사람에게 복음을 전하여 제자삼는 삶을 살아가기를 주님의 이름으로 축복합니다.